青春文庫

読むだけでピンとくる！
心理分析のトリセツ

おもしろ心理学会［編］

青春出版社

はじめに

相手の本音を自由自在に見抜ければ、この世の中、大半のことはうまくいくでしょう。

現実に「できる」といわれる人たちは、他人の心理を読むことに長け、交渉相手や異性に対して、適切な次の一手を繰り出すものです。

実際、人の心理状態や性格は、言葉やしぐさ、態度、表情など、じつにさまざまなところに現れます。そうした人が発する心理情報の解読技術を身につければ、人の気持ちはかなりのところまで読み取ることができるのです。

というわけで、本書では、人間心理を分析するための多様な知識とノウハウを紹介しました。そのベースとしたのは、心理学と精神分析の知見です。これらの研究領域は、ともに十九世紀後半にスタートし、以後、大勢の学者・研究者が数々の心理法則を導きだしてきました。本書では、それらの成果をもとにして実践的な心の解読法を紹介していきます。

そうした知識とノウハウを身につけて、相手の本音を見抜けるようになれば、人間関係が円滑になること、間違いありません。よりよい人間関係を築き、仕事で成果を上げるため、本書をご活用いただければ幸いに思います。

２０２４年９月

おもしろ心理学会

読むだけでピンとくる！ 心理分析のトリセツ■目次

Chapter1 人間関係の微妙な心の動きの読み方…13

目次

Chapter2 表情と話し方に見え隠れする心のサインの読み方…59

Chapter4 相手の「ことば」の裏にある、意外な本音の読み方… 147

カバーイラスト■Adobe Stock
DTP■フジマックオフィス

Chapter 1

人間関係の微妙な心の動きの読み方

人づきあいが面倒になる原因はどこにある？

気の合う友人どうしや恋人どうしでも、旅先ではケンカになりやすいもの。慣れない移動で疲れたり、相手と長時間過ごすうちに、わがままが出やすくなるなど、互いに欠点が見えやすくなるからだ。

ケンカとまではいかなくても、旅先から帰って一人になったとき、ホッとした経験のある人は少なくないだろう。親しい間柄でさえそうなのだから、初対面やビジネス上のつきあいとなると、その何倍も気をつかうことになる。

人づきあいは、どうして疲れるのだろうか。その理由の一つは、心地いいと感じる親密さが、人それぞれ微妙に異なることにある。意識していなくても、人は相手との親密さのレベルを無意識のうちに調節している。しかし、その適切な〝距離〟を探したり、保ったりするのは、かなりのエネルギーを必要とする作業であり、ベストな距離を保つ作業だけで精神的に疲れてしまうのだ。

大きく分けると、対人関係の距離の取り方には二つのタイプがある。一つは、相手とより親密になりたいと思うタイプで、もう一つは、相手との距離をなるべく長く保とうとするタイプである。心理学では、前者が感じやすい不安を「見捨てられ不安」、後者が感じやすい不安を「のみこまれ不安」と呼ぶ。

見捨てられ不安を感じる人は、人づきあいのなかで充実感を見いだし、誰かと一緒にいることを好む。初対面から人懐っこくて、気さくなタイプだ。一方、のみこまれ不安を感じる人は、自分の世界を大切に考えている人。相手とある程度の距離を置いてつきあったほうが落ち着くし、距離が近すぎると、プライバシーを侵害されたような気になる。人づきあいの疲れを軽減するには、互いの距離感を理解して、適度な距離を保つように調整することだ。

「空気が読める人」になるのに一番必要な能力は？

楽しく冗談を言い合っているのに、一人だけ大真面目に「そういう冗談はよくないと思うよ」と言い出したり、逆にシリアスな場面でやたらと茶化してみたり、飲み会で「そろそろお開き……」というムードが漂っているにもかかわらず、一人「生ビールおかわり！」と言い出すような人が、あなたの周りにもいることだろう。そういう空気を読めないタイプは、「セルフモニタリング」のモニタリング傾向が低い人といえる。

セルフモニタリングとは、心理学者のマーク・スナイダーが提唱した概念で、自分自身の現在の状況を観察、評価したり、コントロールしたりすることをいう。

この能力が高い人は、自分の置かれた状況や立場をすばやく把握して、どのような場面にも臨機応変に対応する。

たとえば、本当ははしゃぎたくても、状況に応じてセーブしたり、逆に退屈していても、興味があるようにふるまうことができる。

よくいえば、集団に溶け込みやすく、人当たりもいいタイプといえるが、悪くいえば、腹の中と言動が一致していないタイプで、二枚舌を使う人もなかにはいる。

一方、セルフモニタリングの能力の低い人は、周りの状況にあまり関心がないタイプ。場の空気よりも、自分の感情中心に動くため、暗黙の了解で成り立っている集団のルールからはずれやすい。その結果、集団の誰かと衝突したり、一人だけ浮いた存在になって、空気が読めないと言われるハメになるのだ。

しかし、裏を返せば、表裏のない正直な人ともいえるわけで、こういう人に、腹黒い悪人はいないといってもいい。

「優しすぎる人」が態度を豹変させることがあるのはなぜ？

いつも親切だった人が、何かのきっかけで態度を急変させることがある。

それまでは、つねに親切でにこやかに振る舞い、自分のことは放っておいても、相手のために尽くすような献身ぶりを発揮していた人が、突然、憎悪をむき出しにして、冷たい態度をとるようなケースである。

思い当たる原因がない場合、まるで人が変わったように思えるだろうが、じつは変身後のほうがその人の真の姿かもしれない。人の世話を焼いたり、優しい行動をとる人には、その裏返しともいえる冷酷さや残忍性を秘めているタイプがいるのだ。

これは「反動形成」と呼ばれる心理で、自分本来の欲求とは正反対の行動をとってしまうことをいう。冷酷な人が優しい態度をとるのもそのひとつで、本心では相手を信用していないし、好意を抱いているわけでもない。ただ、人に対して冷たくするのはよくないことだと思っているので、自分の冷酷さを抑圧してしまう。

すると、その反動で、人に対して極端に親切にしたり、献身的になることがあるのだ。怖いのは、自分の心にウソをついて優しく振る舞い続けると、かえって相手を憎む気持ちがふくらんでいくことだ。その限界を超えたとき、冒頭のようなことが起きる。

そういうタイプは、親切が度を超えていたり、優しいのにどこか不自然に見えるのが特徴。身近にそういう人がいたら、用心してつきあったほうがいいだろう。

「八方美人」は何を求めて、誰にでもいい顔をするのか?

人間は誰でも、人に認められたい、評価されたいという欲求をもっている。ダメ人間といわれるよりは能力の高い人と思われたいし、非難されるよりは賞賛されたい、嫌われるよりは好かれたい、そんなふうに望むのは、人間として当然のことといえる。

心理学では、これを「承認欲求」と呼ぶが、なかには、人から認められたい、よく思われたいという気持ちが人一倍強い人がいる。そういう人は、いわゆる「八方美人」タイプとなる。そういう人は、自分に自信がないので、いちいち人から承認を得ないと不安になってしまうのだ。

こんな心理実験がある。大学生を実験室に呼び、どんなことでもいいから自分についてて話すように求めた。その際、聞き手側は、「うんうん」と相づちを打ちつつ聞く場合と、相づちを打たずに黙って話を聞く場合との二パターンに分けて実験を行った。

すると、聞き手の相づちとは関係なく話すタイプと、相づちに敏感に反応して、聞き手の望みそうな話題を取り上げるタイプに分かれたのである。その場合、相づちに反応して話題を変えたタイプは、相手の承認を強く求める〝八方美人〟タイプだといえる。

一般的に、八方美人タイプは、自分の意見を強く主張することはなく、人を攻撃したり、非難したりはしない。集団の中では、没個性的で、人から説得されやすいタイプだ。

つまり、御しやすいタイプであって、嫌われる要素は少なそうに思えるのだが、それでも「あの人って八方美人だよね」と陰口を叩かれるのは、このタイプのなかには、いい子ぶっていながら、陰でこっそり〝ズル〟をする人が含まれているからだろう。

誰かと一緒にいたくなるときの心理法則

体調が悪かったり、不安を抱えているときには、一人でいるよりも誰かといたほうが心強く感じるもの。心理学ではそうした心理を「親和欲求」と呼ぶが、それはどのような状況で生まれる心理なのだろうか。女子学生を対象に行った心理実験を紹介しよう。

実験に協力するために訪れた女子学生たちは、博士と名乗る男性から、これから行われる実験が電気ショックであることを告げられる。その際、一つの学生のグループには、「この電気ショックの実験は、強い痛みを伴うものだ」と説明する。

一方、もう一つのグループには、「痛みはほんのわずかで、さして不快なものではない」と説明する。

こうして、二つの条件をつくったうえで、女子学生たちに「実験の準備が整うまで、別の部屋で待っていてほしい」と告げるのだ。さらにその際、「個室で一人で待っているか」、あるいは「大部屋で他の人と一緒に待っているか」を選択してもらう。

すると、「強い痛みを伴う」と告げられ、不安を煽《あお》られた前者のグループの女子学生には、他の人と一緒に大部屋で待つほうを選択する人が多かった。つまり、強い不安を感じているときほど、「親和欲求」が高まったというわけだ。

とはいえ、一緒にいる相手は誰でもいいというわけではなく、親しくない人よりは親しい人、まったく違う境遇の人よりは、自分と似た境遇の人を選ぶ傾向がある。

なぜか一人でいたくなるときの心理法則

人は、不安を抱いたり、不確かな状況に置かれると、孤独を避け、他者を求める心理が働く。これを「親和欲求」と呼ぶことは、前項で説明したとおりだが、人間の心とは複雑なもので、人を求める欲求を持つ一方、一人になりたいという願望を持つこともある。

たとえば、ある日突然、会社からリストラを言い渡されたとする。解雇通告に、最初はパニックを起こし、その後、会社への怒り、悔しさ、未練、今後に対する不安など、もろもろの感情がわいてくる。

そんなとき、多くの人は、家族や恋人の元に飛んで帰りたいとは思わないだろう。慰められても気が晴れるわけではないし、何より惨《みじ》めだ。おそらく「一人でいること」を選ぶのではないだろうか。このように、人といることを避ける心理を「親和回避欲求」と呼ぶ。

どのような状況で「親和回避欲求」が働くかについては、一九六三年、ジョン・F・ケネディ大統領が暗殺された直後に行われた、こんな調査の結果がある。

調査の中で、「事件を知ったとき、あなたはどうしましたか?」という質問があるのだが、これについて、全体の五四%の人は「他の人と話をしたいと思った」と答えたのに対し、四〇%の人は「誰とも顔を合わせずに一人でいたかった」と回答したのである。一人でいたかったと答えた人の多くは、ケネディ大統領の支持者であり、ショックで取り乱す自分の姿を人に見られたくなかったのだろう。このように、自我をコントロールできないような状態のときは、他の人と一緒にいることを不快に感じるのである。

特別ショッキングな出来事がなくても、疲れていたり、カリカリしているときは、一人になりたくなるものだが、これも自我が脅かされるのを嫌って、親和回避欲求が働くためと考えられる。

いずれにせよ、誰かに「一人にしてくれ」と言われたときは、そっとしておいてあげたほうがいい。「一人にして」と言われると、自分を拒絶されたような気にもなるものだが、そうではない。相手は、自分を守ることで精いっぱいなのである。

いつも偉そうにしている人は内心、何を考えている?

「男って、どうしてあんなにいばるのかしら。頭にくるわ」という女性がいるものだが、たしかに女性と比べると、男性にいばったタイプが多いのは事実。なぜ、多くの男性はいばりたがるのだろうか。

心理学では、その原因を「社会的承認欲求」の強さに求める。「社会的承認欲求」とは、他人から承認されたい、他人から尊敬されたいという気持ちのことで、こういう欲求は、一般に女性よりも男性のほうが強い。

簡単にいうと、男性には「一人前の男として認められたい」「なめられたくない」という欲求があり、それが「いばり」の原動力となっているわけだ。ただし、この「社会的承認欲求」の強さは、いわゆる「男らしさ」とはまったく違うものだ。

というのは、社会的承認欲求の強いタイプの男性には、他人に服従しやすい、同調しやすい、説得されやすい、そして防衛的である、という傾向があるからだ。

いばっているので男らしく見えることがあるが、性格的にはまったく逆であることが多いのだ。

また、このタイプの男性は、外見的には「偉そう」にふるまっていたとしても、その内面をのぞいてみると、自己評価は意外と低く、態度は偉そうでも、「内心は不安と自己嫌悪感でいっぱい」ということが多い。いばるという行為は、じつは自信のなさの表れなのである。

実際、確固たる社会的地位を得ている人や、誰からも一目置かれているような人、自分の才能や能力に自信を持っている人は、あからさまにいばったりはしないものだ。本当に誇れるところを持っている人は、あえていばったりはしないのである。

逆にいうと、人に誇れることのない人ほど、よくいばるということができる。

クールな人ほど、心の傷や大きな不安を抱えている

会社の飲み会で、みんながドンチャン騒ぎしているのに、端っこのほうに座り、

静かにグラスを傾けている人がいる。そういう人は、ふだんから寡黙《かもく》で、何が起きても表情をあまり変えない冷静沈着タイプだろう。

ただし、先入観を捨てて、彼らを観察してみると、その人が心に深い痛手を負って苦しんでいることに気づかされるかもしれない。

人間は、心に傷を負ったり、大きな不安を抱えていると、それを他人に悟られまいと、感情を抑圧することがある。

本当は泣きだしたいほど辛いのだが、それを隠すために、冷静に振る舞おうとするのだ。当人にすれば、格好をつけてクールに振る舞っているわけではなく、感情を抑圧しているだけかもしれないのだ。

それが習慣化すると、喜びや安らぎといった感情さえ押し殺すようになり、やがてすべての表情を失う。それを心理学では「デスマスク表情」、つまり死人の顔と呼ぶ。

過去を背負った〝わけあり主人公〟のクールさが魅力なのは、映画やドラマの世界だけの話。現実の世界では、表情をほとんど崩さない人は、心の奥底に深い闇を抱えていることが多いのだ。

「八つ当たり」する人が心の奥に秘めるもの

「八つ当たり」は、関係のない第三者に怒りや不満をぶつけることだが、心理学ではそういう状態を「置き換え」と呼ぶ。

たとえば、会社で上司にイヤミを言われた人が、家で奥さんに八つ当たりする。これは、上司への怒りを奥さんに「置き換え」ているわけだ。

そのとき、奥さんに非があるわけでも、奥さんが憎いわけでもない。それなのに、無関係な人に当たり散らしてしまうのは「自我防衛機制」によるものだ。

不満や怒りは適度に発散しておかないと、やがて精神のバランスが変調を来たしてしまう。サラリーマンが、会社帰りの赤ちょうちんで愚痴るのも、その発散行為といえる。とくに、激しい怒りを抱いたときには、すぐにガス抜きをする必要がある。そこで、上司への怒りを奥さんに置き換えて八つ当たりをする、ということが起きるのだ。

むろん、八つ当たりされるほうは、たまったものではないが、するほうにとって、それは心の〝健康法〟といえるのだ。

また、失恋したとき、すぐに別の相手を見つける人がいるが、これも「置き換え」の一つ。愛する対象を失ったとき、他の人を愛するようになるのは、心のバランスを保つために、自然と働くベクトルなのである。

「失恋した直後の女性（男性）は落としやすい」と、したり顔でいう人もいるが、個人差はあるにしても、それは心理学的にもある程度正しい見方といえる。

すれ違いを生むコミュニケーション・ノイズって何?

恋愛について歌った歌詞には、「届かない想い」というお定まりのパターンがある。こんなにあなたを想っているのに、その気持ちはあなたに届かない、というせつない恋心を描写するものだが、これは、考えてみれば不思議な話である。

まず、人には「言語」という伝達手段がある。口下手で気持ちがうまく伝えられないなら、メールを送る、プレゼント攻撃をする、デートに誘うなどすれば、心の内は簡単に伝わりそうなものだ。

それなのに、現実の世界では、すれ違ったり、勘違いされたり、ひどいときになると逆恨みされたり、何かとトラブルが起きてしまう。なぜだろうか？

引き続き、恋愛を例に考えてみよう。異性を遊びに誘ったり、プレゼントしたりすれば、普通そこには「あなたが好きです」というメッセージがこめられているはずだ。そのメッセージを相手が読み取ってくれれば、「私も好きよ」となって（ならないこともあるが）、コミュニケーションが成立するはずだ。

ところが、実際のコミュニケーションのうえでは、そういうメッセージの読み取りを阻む数々の〝邪魔〟が入るのだ。それを「コミュニケーション・ノイズ」と呼ぶ。

もっとも多いノイズは、「心理ノイズ」と呼ばれるものである。たとえば、「今日こそ、告白するぞ！」と決心しても、いざ本人を目の前にするとしどろもどろになったり、緊張のあまり、思いも寄らないドジを踏んで、あえなく失敗ということになりやすい。

フラれたあとで、あのプレゼントが気に入らなかったのかな、食事がまずかったのだろうか……などと考え込む人も少なくないが、じつは自分の心理状態が作り出した〝ノイズ〟が、コミュニケーションを阻害しているケースが多いのである。

それ以外にも、年齢差や職業・環境が異なるために起きる障害を「社会的ノイズ」、言葉の通じない外国人や方言などの音声による障害を「音声ノイズ」という。さらに、書いた手紙の文字が汚すぎて読めないとか、気持ちを告げたのに、周りの騒音が激しくて聞こえないといった障害の場合は、「物理的ノイズ」と呼ぶ。

告白するときは、せめて静かな場所を選ぶほうがいいだろう。

疲れても「いい人」をやめられないワケ

世の中には、真面目で、勤勉で、責任感が強く、几帳面《きちょうめん》な性格で、誰からも「いい人」といわれる人がいるものだ。しかし、精神医学の世界では、そういう人ほど「うつ病にかかりやすい」と見る。

うつ病にかからないにしても、そういうタイプは、普通の人よりも疲れやすく、過労自殺をする人には、こういうタイプの人が多いのだ。なぜ、「いい人」ほど疲れやすいのだろうか。

その答えは「いい人だから」というしかない。この答えに疑問のある人は、試しに「真面目で、勤勉で、責任感が強く、几帳面な人」になってみるといい。おそらく、一週間でヘトヘトになるはずだ。「いい人」は、いつもニコニコしているので、外からは疲れているように見えないが、じつはひじょうに疲れる生き方なのである。

では、「いい人」はなぜ、そんな疲れる生き方をするのだろうか。その答えは、無意識のうちに、自分の行動基準を周囲や他者に求めるからだ。「いい人」には、環境や外的な基準に過剰に適応しようとする人が多く、心理学では、そういう状態を「過剰適応」と呼ぶ。

通常、人は、自分がしたいかどうか、自分が楽しいかどうか、自分にとって得かどうかで行動するものだが、「いい人」タイプは、環境や他者の基準に過剰に適応し、自分の気持ちを抑え、周囲の視線や他者からの評価に従って行動しようとする。要するに、いつも周りを気にしているわけで、それでは疲れないほうがおかしい。

「最近、どうも疲れやすい」と感じている人は、自分自身の基準で行動しているか、外的な基準に振り回されていないか、一度、見直してみるといいだろう。過剰適応は危険な心理状態といえ、他者から評価を得られなくなると、それだけで自信を失い、極端な場合は生きる意味さえ見失ってしまう。そういった傾向のある人は要注意である。

第一印象で失敗しないための一番カンタンな方法

人は、初対面の相手から、さまざまな要素を感じ取り、そこから第一印象を形づくっている。その要素には、「穏やかな人」とか「冷たそうな人」といった性格的特徴をはじめ、「頭の回転が速い人」「教養のある人」といった知的特徴、また「行動派でエネルギッシュな人」「覇気《はき》のなさそうな人」といった意欲的特徴などがある。

加えて、第一印象を大きく左右するのが、〝見た目〟である。昔から「人は外見で判断してはいけない」といわれてきたが、それはいかに外見で人を判断しやすいかの裏返しといえる。人間は、初対面ではかなりの部分、身体的・外見的特徴によって、相手の印象を決めているのである。

そうした傾向は、相手が異性の場合には、さらに顕著になる。心理学者のE・ウォルスターらが行った実験では、被験者の男女がダンスのパートナーを選ぶときや、その後、デートするかどうかは、外見的魅力に大きく影響されていることがわかった。要するに、相手の人柄や知的レベルよりも、外見のほうが重要なのである。

と聞いて、「顔もスタイルもよくないし……」と、がっくり肩を落とした人もいることだろう。しかし、救いの道はある。とりあえず、服装をパリッとキメればいいのだ。

初対面では、相手を知るための情報がほとんどない。そこで重要になってくるのが、服装や髪型。顔立ちやスタイルが多少悪くても、服装がパリッと決まっていれば、好印象を与えることができるのだ。

逆に、髪がボサボサだったり、シャツの襟に汚れが付着していたりすると、第一印象はガクッと悪くなる。おまけに、「頭が悪そう」「信用できない」「仕事もできなさそう」など、能力や人柄、社会的信用まで疑われてしまう可能性がある。おしゃれに無頓着《むとんちゃく》な人も、せめて身なりは清潔に。

どうして第一印象は変わりにくいのか？

サラリーマン向けのビジネスマナー本などには、必ずといっていいほど、「第一印象が大切」「第一印象で好感を持ってもらうことが、成功の第一歩」などと書かれているものだ。

第一印象が重要なのは、人間心理には、いったん抱いた第一印象が、その後なかなか変わらないという心理傾向があるからである。

なぜ、第一印象は変わりにくいのだろうか。

その理由の一つは、人には、自分が抱いた第一印象を「正しい判断」と確認したいため、その印象が正しいと思える情報ばかりを集める傾向があるからだ。

たとえば、初対面で「いばっているな」と感じた相手の場合、部下を叱っている姿や、高圧的にものを言う姿ばかりが目につくようになる。それが「たまたま」であっても、最初に抱いた印象が「いばっている」だと、その後は、そのイメージを強化する情報ばかりを拾ってしまうのである。

こうして集められた〝自分の第一印象にとって都合のいい情報〟が、一つ一つ積み重ねられ、最終的には、「やはり、自分が抱いた印象は間違っていなかった」と思い込んでしまう。こうした心の傾向を、心理学では「確証（仮説検証）バイアス」と呼ぶ。

ちなみに、バイアスには、「偏り」「歪《ゆが》み」といった意味がある。「あの人って、バイアスがかった見方するよね」というように、先入観とか偏見という意味でよく使われる。

こうした偏った思い込みを抱きやすい心理傾向は、人に対する第一印象に限った話ではない。他の場面でも、人の心の中では、自分の〝仮説〟を正しいものと確認したいため、それに沿う情報を集めるような心理的なクセが働くのだ。

たとえば、病気にかかった患者は、インターネットのサイトなどをチェックしてきは、「この病気は治らない」「死ぬ確率が高い」といった悪い情報ばかりを集めてきて、絶望したりする。逆も同様で、「簡単に治る」という都合のいい情報だけを選んでしまう人もいる。

偏った思い込みをしそうになったときは、バイアスのかかった見方をしていないか、偏った情報ばかりを集めようとしていないか、落ち着いて吟味したほうがいい。

他人から好かれる人、嫌われる人の「分かれ目」は？

私たちは「あの人は、人から好かれる性格をしている」などというものだが、「人から好かれる性格」とは、具体的にはどのような性格のことなのだろうか？

むろん、「人から好かれる性格」といっても、好き嫌いは「好み」の問題であるが、心理学ではその公約数的な要素を分析し、「人から好かれる性格はおおむね決まっている」とされている。その代表的な要素を紹介してみよう。

「人から好かれる性格」の研究で有名なのは、アメリカの心理学者アンダーソンが行った「性格特性」に関する調査だ。

アンダーソンは、アメリカの大学生に性格特性を表す五五五個の言葉を示し、「好ましい」か「好ましくない」かを判断させた。そのさい、「好ましい性格特性」とされた言葉は、「誠実な」「正直な」「理解のある」「忠実な」「信用できる」「当てにできる」「知的な」「頼りになる」「心の広い」「思慮深い」などだった。

また、青年心理の研究者として知られる加藤隆勝氏が、日本の大学生を対象に行った「理想の自己像」についての調査では、「責任感が強い」「頭脳明晰である」「誠実である」「明朗である」「意志が強い」「一般的教養が高い」「礼儀正しい」「勤勉である」などの性格特性が選ばれた。「礼儀正しい」や「勤勉である」などが入っているところは、いかにも「日本的」と思えるが、「誠実さ」が重要なポイントとなっている点は、日本もアメリカも同じ。誠実でなければ、人からは好かれないのである。

一方、アンダーソンの調査で「好ましくない性格特性」とされたのは、「うそつき」「イカサマ師」「下品な」「残酷な」「正直でない」「信用できない」「不快な」「意地悪な」「卑劣な」「だます」など。いうまでもないが、こういう性格特性を持つ人とつきあいたいと思う人は、そうはいないだろう。

頼み事をしたほうがかえって他人に好かれる理由

「人にものを頼むと嫌われる」と考えている人が意外と多いが、これは杞憂《きゆう》である。まあ、借金の申し込みをしつこくすれば嫌われるだろうが、普通、人は頼み事をされたからといって、その人を嫌うことはない。むしろ、その逆で、かえってその人への好感度がアップすることのほうが多いのだ。

このことを証明した心理学者のジェッカーとランディが行った有名な心理実験がある。簡単に紹介しよう。

ジェッカーとランディは、まず「学習に関する実験」という名目で被験者を集めた。そして、「一人一人の被験者に、出題者としてアシスタントが一人ずつ付くので、アシスタントの出す問題に答えてください。なお、被験者が一問正解するごとに、アシスタントがお金を渡します」と説明し、「学習に関する実験」を開始した。

被験者は、アシスタントが出す問題に答え、そして正解するごとにアシスタントからお金をもらった。

「学習に関する実験」は無事終了し、ジェッカーとランディは集計を取り始めたのだが、そこで一部のアシスタントが、「申し訳ありませんが、渡したお金を返していただけませんか。それ、私のなんです。お願いします」と、お金の返却を求める。

じつは「学習に関する実験」というのは、はじめから口実で、ジェッカーとランディの真の狙いは、返金を頼んだアシスタントに対して、被験者がどのような印象を抱くかを調べることにあったのである。

結果はどうなったか。のちに被験者にインタビューをし、自分に付いたアシスタントの印象を尋ねると、意外なことに、「お金を返して」と頼まれた被験者は、一様にアシスタントにいい印象を抱いていた。さらに、返した額が大きければ大きいほど、好感度は高かったという結果が出たのである。「金を返せだなんてふざけたやつだ」という人は一人もいなかったのだ。

人間とはこういうもの。人から好かれたいと思うのなら、たまにはお願い事をし、甘えてみることだ。

好感度が突然アップする「傾聴」の心得

面と向かって話している相手が、椅子にふんぞり返っていれば、「高慢で生意気」と思うだろうし、逆に肩を丸めて小さくなっていれば、「気が弱そう」と思うことだろう。

一方、耳を傾けてこちらの話を聞いていれば、「なかなか真面目で熱心だな」と相手に好感をもつのではないだろうか。

人の話を熱心に聞くことを「傾聴する」というが、この「傾聴」は耳を傾けて聞くこと。話し手は、目の前の聞き手が文字どおり傾聴していれば、話に興味をもって聞いてくれていると思うものなのだ。

だから、聞き手になったときは、意識的に傾聴の姿勢を示すと、相手の好感を得やすくなる。話し手は決して悪い気はしないのはもちろん、その態度に乗せられて、秘密や本音を明かしはじめるかもしれない。

つまり、相手の本音を引き出そうと思えば、身を乗り出すようにして耳を傾ければよい。傾聴の姿勢を示すだけで、相手を、本音で話そうという気持ちに誘導できるはずだ。

自分の得意分野の話にうっかり〝乗る〟と失敗する！

たとえば、相手が「先日、葉山沖へ釣りに行きまして、五〇センチのマダイを釣りました」と自慢げに話したとする。それに対して、「私は、銚子沖で六〇センチのを釣ったことがあります」と応じたら、相手はどんな気分になるだろうか。

ふつうはムッとして、「イヤなヤツ」と思うことだろう。なかには、「ケンカを売ってんのか、この野郎」と思う人もいるかもしれない。また、互いに自慢合戦になっても後味が悪く、その後は、腹を割って話そうという気にはなれないものだ。

自分から、自慢話をするつもりはなくても、たまたま自分の得意分野が話題になることはあるものだ。でも、そんなときこそ、聞き役に徹するのが、相手の好感を引き出すコツだ。自分の得意分野なら、話のツボは十分承知しているはず。その知識を活用して上手に聞いてあげることで、相手の気分はよくなり、口はよりなめらかになるはず。仕事相手との雑談なら、その後の商談もスムーズに進んでいくはずである。

逆に、大人げなく相手の自慢話に張りあえば、一時的な優越感にはひたれるかもしれないが、その代償はけっこう大きいものになる。

リラックスした雰囲気を演出して本心を語らせる㊙ワザ

子どものとびきりの笑顔をカメラで撮るコツは、撮影者が笑うことといわれる。また、七五三や誕生日といった記念写真のときは、「はーい、これで終わり。ありがとうね」と言って、「はあ」と笑った瞬間にシャッターを切るという方法もある。いずれも相手を安心させて、リラックスした表情をカメラにおさめる手法である。

そのテクニックは、仕事にも応用できる。たとえば、広報誌に掲載するための座談会を開いたときには、ある程度話が進んだ後、「はい、座談会は、これで終わります。もう少し時間がありますので、あとは雑談でもしてください」といえばよい。雑談のほうが、出席者もリラックスして、面白い話が出てくる。あとで出席者に断って、雑談をまじえて広報誌に掲載すればよい。

また、部下の本音を引き出したいときは、会社でいったん話を聞いておいて、「ちょっと一杯どう？」と、飲みに誘うとよい。オフィスという公的空間で話をするときは緊張していても、その後に飲み屋へ誘えば、社内にいたときの緊張が一気にゆるむ。その分、いきなり飲み屋に誘うよりも、本音を話す可能性は高くなるはずだ。

立場の違う相手に仲間だと見せかける心理テクニック

ある運送業者の支店長は、事務職やパートの女性たちの気持ちがわからず、不安に思っていた。職場の風通しの悪さや支店長に対する不満が、彼女たちの間にたまっているという噂を耳にしたからだった。

しかし、どのように本音を引き出せばよいかわからず、仕事を辞める人が続出するのではないかという心配がストレスになっていた。

ある昼休みに、何人かの女性たちが集まって、ケーキの話をしていた。たまたま通りかかった支店長は、思いきって「私は、郵便局近くのシャトレーゼのケーキがいちばんおいしいと思うな」と言ってみた。

すると、女性社員たちは不思議そうな顔をしたが、そのうちの一人が「えっ、支店長はケーキ好きなんですか？」と尋ねてきた。そこから話が弾んだので、その翌日、支店長は奮発して、お勧めの店でケーキを買い、女性社員らと一緒に食べた。以来、女性社員やパートの女性らと話をするようになり、やがて彼女たちが、男性主任と不倫中のパート女性とのカップルを嫌っていることを知った。

そこで、支店長は、その主任に注意すると同時に、不倫カップルの配置を転換。すると、職場の雰囲気は一気に明るくなり、活気が戻ったという。

ちなみに、支店長は、それほどケーキが好きなわけではないが、妻と娘が大好きで、話をよく聞いていたので、たまたま市内のケーキ屋事情に通じていた。それが功を奏して、女性社員たちが仲間意識をもってくれたことから、本音を引き出せたのだった。

というように、上司と部下というように立場が違う場合でも、何かしらの共通点を見つけて、仲間だと思わせることができれば、本音を引き出しやすくなる。

面白いほど本音が引き出せる「ボディタイム」の法則

朝から上司に呼び出され、「ちょっと話を聞きたいのだが」と言われるのと、夕方に呼び出され、「ちょっと話を聞きたいのだが」と言われるのでは、どちらが本音を語ろうという気持ちになるだろうか。ふつうの人なら、「夕方」と答えるだろう。

心理学では、たそがれ時は、「ボディタイム」が一番不調な時間帯とされる。ボディタイムとは、人間の心や体を支配しているリズムのことである。人間はいつも同じコンディションでいるわけではなく、調子がよいときもあれば、悪いときもある。一日のなかでは、夕方に不調な時間が訪れる人が多いのである。

つまり、たそがれ時には、気がゆるみ、不注意になったり、暗示にかかりやすくなる。体が元気な朝や真昼間には口にしない本音も、ついしゃべりやすくなってしまうのである。

だから、部下の本音を引き出そうと思えば、午前中や昼下がりより、たそがれ時に、その機会を設けたほうがよい。

相手の感情を逆なでして、本音を引き出す裏ワザ

一般に、本音を引き出そうとすれば、相手をリラックスさせ、心を開いてもらうのが正攻法になる。しかし、なかには、そうした正攻法が通じない人もいる。そんな人には、相手の感情を逆なでして、本音を引き出すという裏ワザもある。

たとえば、なだめてもすかしても、ふてくされた態度を取り続ける相手には、「結局、高橋にはかなわないというコンプレックスがあるんだろう。それを認めた

らどうだ」というように、相手の感情を逆なでするようなことをいってみる。相手が「ちがいますよ」と答えても、「高橋とは、絶対に飲みにいかないじゃないか。いつも気にしているんだろ、負けるものかって」と追い打ちをかければ、相手は、それを否定するため、いろいろ話しはじめるかもしれない。

いったん話しだせば、心にためていたものが一気に吐きだされ、最終的に本音を話すこともありうる。

この手法を使った例をあげると、企業犯罪に関する記者会見などで、マスコミがわざと会社幹部らを挑発して、腹の中にあるひと言を引き出すこともある。あえて相手を挑発することで、本音を吐きださせたり、本性を露わにさせるのは、事件取材などでは、よく使われている手法である。

だれからも本音を語ってもらえない人の五つの共通点とは？

本人は部下の本音を引き出したいと思っていても、「あなたには無理」という人が、どんな会社にもいるものだ。部下や同僚からの人望がまったくない人である。とくに、以下の五つのタイプに当てはまる人は、部下から警戒されていることが多い。

まず、平気でウソをつくタイプ。そんな人が信用されないのは、どこの社会でも同じだろう。「ウソも方便」とはいうけれど、何度もウソを重ねれば、周りからの信用を失うものだ。

また、自分だけ楽をしようとする「ずるい」タイプも、周囲から信頼されない。難しいことや苦労しそうなことは、人に押し付けるくせに、手柄は自分のものというタイプに、だれも本音を語ろうとは思わない。

何ごとにつけ計算高い人も、周りから信用されない。自分から近づいてきながら、役に立たないと思えば、容赦なく切り捨てる。何をするにも、損得勘定を働かせているような人に、だれも心を開いたりはしない。

上司がいなくなったらサボったり、女性（または男性）の前では、いかにも働いているようなふりをする陰日向のある人も、周りからは警戒されやすい。うっかり本音を話すと、だれに言いふらされるかわからないという怖さがある。

もちろん、陰湿ないじめをする人も、周りから厳重警戒される。当然、そんな人に本音を話す人もいないだろう。

こちらのペースにのせるには、まず相手を知ろう

「今日はよい天気ですね」「そうですね」というのは、基本的に、それ以上の特別な話題のない地域住民どうしの会話。「こんにちは」という挨拶代わりの言葉である。

だから、ビジネスで初対面の人と、名刺交換をした後、天気の話をしてもほとんど意味はない。といって、いきなり本題へ入るのも野暮というもの。

そういうときには、相手をよく知っていることをアピールすることで、相手をこちらのペースに引き込むとよい。

たとえば、相手の会社に知り合いがいれば、「○○さんは、お元気にしておられますか」と切り出してもいいし、「じつは、昨夜、△△さんと飲んでました」と言

ってもよい。共通の知り合いがいることがわかれば、親密度がアップして、相手の口はなめらかになるはずである。

また、まったく初めての会社なら、事前にホームページをチェックして、たとえば、工場や支社の所在地などを調べておく。

そして、「工場が○○市にあるそうですが、○○へ行かれたことはありますか。じつは、私の妻の出身地なんです」などと話せば、意外なつながりが見つかって、打ちとけた雰囲気になれるかもしれない。

さらに、担当者の知り合いを知っていれば、事前に出身地や趣味、好きなプロ野球の球団などについて情報を仕入れておくとよい。「広島の出身で、広島カープの大ファンでいらっしゃるそうですね」などと話すと、打ちとけるきっかけになりやすい。

家族構成などのプライベートな情報はNGだが、趣味や好きな野球チームの話なら、聞き手との親密度を高められるはずだ。

相手に関心があることをアピールすれば、こちらのペースにけっこう引き込めるものである。

敵を味方に変えてしまう「ウィンザー効果」のスゴ技

Aさんという人物がいるとしよう。

あなたは、Aさんの助けを必要としているが、Aさんは自分に好意を持っている人しか助けないという性格の持ち主。あなたは、なんとしてもAさんに好意を伝えなければならないのだが、どうやって好意を伝えればいいのか。

これには、いろいろな方法が考えられる。好意を示す手紙を書くのも一つの手だし、贈り物をするのも悪くない。

しかし、もっと簡単で、安上がりな方法がある。それは、第三者を通じて好意を伝えるという方法だ。つまり、第三者に「Aさんはすごい。立派だ。尊敬している」といい、それが第三者からAさんに伝わるのを待てばいい。

第三者を使って人をほめることを、「陰ほめ」というが、心理学では陰ほめによる効果を「ウィンザー効果」と呼ぶ。

一般に、直接相手をほめるよりも、第三者を通してウィンザー効果を利用したほうが、ほめ効果は大きくなる。

ただ、陰ほめにも、効果の大きいものと小さいものがあり、アメリカの心理学者アロンソンとリンダーは、「あの人はいい人だ」と終始ほめ続けるよりも、「あいつはたいした人間ではない」などといったんけなしておいてから、そのあとで「あいつはすごい人間。気がつかなかった俺がバカだった」とほめたほうが、効果は高いとしている。

ただ、この「いったんけなしてから」作戦の場合、けなし言葉だけが相手に伝わり、ほめ言葉が耳に入らなかったら最悪だ。「いったんけなしてから」作戦は、効果絶大だが、リスクを伴うことをお忘れなく。

なお、「ウィンザー効果」の「ウィンザー」とは、アーリーン・ロマノネスの自伝的スパイ・ノンフィクション『伯爵夫人はスパイ』の登場人物、ウインザー公爵夫人の名をとったもの。

この作品の中で、夫人が「第三者のほめ言葉は、どんなときでもいちばん効き目がある」ということから、陰ほめの効果をこう呼ぶようになった。

思わず本心を語らせてしまう「メモ」の心理効果

自分が話をしているとき、相手がキョロキョロしながら聞いているのと、じっとこちらを見ているのとでは、どちらが真剣に話す気になるだろうか。

ふつうは、こちらをじっと見て、うなずいたり、相づちを打ったりしてくれるほうが、より真剣に話す気になるものだ。

ということは、話し手から本音を聞き出すには、一生懸命聞いているという印象を与える必要がある。そのためには、メモを取りながら聞くのが有力な方法だ。

メモを取ることは、大事な言葉をひと言も漏らさずに聞こうという姿勢を表す。さらに、後からも見直そうとしているという意思も伝えることができる。

話し手も、メモを取られていると思えば、より真剣になる。録音までされると、人によっては、かえって緊張してしまうが、メモ程度なら、話し手に不快な印象を与えることもない。さらに、メモを取りながら聞くと、話し手に敬意を表すことにもなって、話し手のプライドをくすぐることができる。

別れた後で振り返る人の心の中は?

人間には、失恋など、過去の人間関係を引きずりやすい人と、あっさり割り切る人がいる。どちらがよくてどちらが悪いというわけではないが、気になる相手が〝ひきずり系〟か〝割り切り系〟かは、次のようなシチュエーションから判断できる。

友人と食事をした後、帰りの電車に二人で乗っているところを想像してみてほしい。電車に乗っている間はおしゃべりを楽しみ、やがて電車は友人の住む駅に到着した。「それじゃ、またね」と別れを言って友人は電車を降り、あなたはホームを歩くその人の後ろ姿を何気なく目で追っていた。すると、ふいに相手が振りむいて、「バイバイ」と手を振りながらあなたに微笑みかけた——。

このように、振り返ったときに二人の視線が合うことを、心理学では「インタラクショナル・シンクロニー」と呼ぶ。「背中に視線を感じて振りむいたら、相手も見ていた」という現象だが、これは二人が親密な関係のときにのみ起きる現象である。親密な関係が〝背中への視線〟を意識させ、ふと振り返りあって目があうということになるのだ。

このように、相手のことが何となく気になって振りむく人は、関係を引きずりやすい人といえそうだ。一方、別れる直前までは親密に話をしていたのに、振りむきもせずにサッサと歩いていってしまう人は、切り替えが早い人とみていい。悪くいえば自己中心的な性格といえる。このタイプは失恋してもパッパと切り替えられるが、前者のタイプは恋人の残像を胸に残したまま引きずりやすい。あなたはどちらのタイプだろうか。

「ギャンブルは他の趣味以上にハマりやすい」って本当？

ギャンブルが人を虜《とりこ》にする背景には、次のような心理メカニズムが働いている。

まず、ギャンブルには、人の行動を強化する側面があることだ。普通、人は、何らかの行動によって快い体験をすると、次からも同じ行動をとるようになる。ところが、ギャンブルの場合、毎回必ず心地よい結果が得られるわけではなく、どちらかといえば、悪い結果のほうが多い。つねに報酬のある場合（これを「全強化」という）でも、ギャンブルのようなときどきしか報酬のない場合（これを「部分強化」という）でも、報酬のある限り、人はまた同じ行動をとろうとするのである。

また、「全強化」の場合、環境などが変わって、人は心地よい体験を得られなくなったと悟ると、すぐにその行動をとらなくなる。つまり、その行動をしなくなってしまうのだ。一方、「部分強化」の場合は、心地よい体験を得られなくても、人はその行動をなかなかやめようとはしない。「次は勝つだろう」という期待感が誘因になって、その行動を続けるのだ。

このことは、ネズミを使った実験でもわかっている。ネズミがレバーを押すとエサが出るような仕掛けをつくり、あるネズミには毎回エサが出てくるようにし、行動を全強化する。もう一方のネズミには、ときどきエサが出てくるようにし、行動を部分強化する。どちらのネズミも、レバーを押すことを覚えるが、ある時点でどちらのネズミに対しても、エサを出すことをやめる。

すると、つねにエサにありついていたネズミのほうが、早くにレバーを押さなくなった。レバーをより長く押し続けていたのは、行動を部分強化されたネズミのほうだった。部分強化の典型であるギャンブルにハマると、エサが出なくてもレバーを押し続けるネズミのように、同じ行動を繰り返すことになるのである。

「服を買うとき他の商品以上に迷う」のにはワケがある

人が衣服を買うとき、ことに迷うのは、「ファッション・リスク」を知覚しているからである。ファッション・リスクとは、その衣服を着ることで、自分の価値が落ちるのではないかと恐れる危機感のことだ。

ファッション・リスクを分析すると、いろいろな要素に分かれる。一つは、自己顕示への懸念で、衣服によって自分の人格や感性が代弁されると思うと、安易に衣服を選べなくなるのだ。たとえば、自分を真面目な人間と自己定義している人は、派手なピンク色の衣服を着ると、遊び人と見られるのではないかと懸念してしまう。

だからといって、白い服を着ると、あまりに平凡な人間と思われはしないかと考え、そこにもリスクを感じることになる。また、着こなせるかどうかの心配もある。「いいな」と思って買った衣服でも、自分がそれを着こなせるとは限らない。着こなせなければ、自分のセンスを疑われるリスクが生じる。「あの人の服装はセンスがない」と、人に思われることを恐れてしまうのだ。

品質・性能への心配も大きい。人からは批判されないと思える衣服でも、その着心地が悪かったり、管理が難しければ、マイナス要素になる。さらに、値段の問題もかかわってくる。いかにいい服でも、あまりに高価だと、お金を無駄にしているのではないかという意識が生まれる。

さらには、流行に対する懸念もある。流行からはずれた衣服では、周囲とそぐわず、集団からはずれてしまうのではないかという不安が生まれるし、逆にあまりに流行を意識すると、流行に流されていると思われる不安が生まれる。

以上のようなファッション・リスクに、どのように影響を受けるかは、男女でも違うし、世代によっても異なる。ただ、程度の差はあれ、ファッション・リスクを感じるから、他の買い物に比べると、衣服選びには時間がかかることになるのだ。

Chapter 2

表情と話し方に見え隠れする心のサインの読み方

顔の左側は「本音」、右側は「よそゆき」の表情

証明写真を撮影してじっくり眺めたら、自分の右目と左目の形がかなり違っていることに気づいたという経験はないだろうか。

人間の顔は、一見、左右対称のように見えるが、じっくり見ると、必ずしも左右対称ではない。たとえば、右目より左目の目尻が少し上がっていたり、右目のほうが少し大きいなどということがある。

また、よく見ると、顔の左右では表情もちがい、顔の左側は笑っているのに、右側は真顔ということもある。実際、顔の左半分には本音、右半分にはよそゆきの表情が出るといわれる。

これは、右脳がイメージや感情をつかさどり、左脳が言語や論理を担当することと関連している。脳と体の関係は、延髄交差によって左右が逆になるので、顔の左半分に感情や本音、右半分によそゆきの表情が表れることになる。そこから、顔の

左側（向かって右側）は「プライベートの顔」、右側は「パブリックの顔」という呼び方もされる。

今度、誰かと向かい合って座る機会があったら、相手の顔の右側と左側を見比べると面白いだろう。右側で少し笑っても、左側の表情が動かないことがあれば、よそゆきの顔だけの笑い、つまり、お追従笑いや、作り笑いだと読み取れる。

「作り笑い」かどうかを見破るチェックポイント

前項で、顔の左半分は本音の顔、右半分はよそゆきの顔と述べた。そして、笑みを浮かべていても、顔の右側だけの笑いなら、それが作り笑いであるとわかるということも指摘した。

しかし、現実問題として、顔の左右のわずかな違いを見抜くのは、ふつうの人には難しいことだろう。一瞬の間に見抜くには、トレーニングが必要だし、見破ってやろうと注意深く見つめると、相手もそれに気づいて変に思われるだろう。

そこで、もう少し簡単に作り笑いを見抜く方法を紹介しておこう。目と口の動きに注目する方法である。

人間の表情をコンピュータで解析したところ、本当におかしいと思って笑う場合、まず口が笑って、それから目が笑うことがわかった。つまり、口と目の動きには若干のタイムラグが生じるのだ。

ところが、作り笑いでは、目と口が同時に笑う。意図的に笑おうとするため、目と口が同時に動いてしまうのである。

また、作り笑いでは、口が笑っていても、目が笑っていないタイプもいる。意識して笑おうとして口を動かすのだが、本心からの笑いではないため、ついつい目の動きを忘れてしまうのだ。

目と口の動きなら、相手の顔をふつうに見ているだけでもよくわかる。笑っていても、目と口が同時に笑っていたり、目だけ笑っていなければ、それは作り笑いであることがわかる。

また、本当におかしければ、顔だけではなく、全身が楽しそうに動くものだ。顔は笑っていても、体が反応していなければ、それも作り笑いである確率が高い。

「無表情」の裏に隠れて見えない〝不安〟とは？

つらくても楽しくても、あまり表情を変えない人がいる。つらいときばかりか、うれしいときでも、笑みを浮かべない。わずかに笑っても、すぐに無表情へと戻ってしまう。そういう人には、心の病を抱えている人が少なくない。

現代は孤独の時代といわれる。スマホの時代になって、他人とのコミュニケーションが活発化したように見えて、じつは日常的に寂しさを感じている人が増えている。家族を含めて、人と濃密な時間を過ごす機会が減っているからである。

ところが、そのような寂しさや将来への不安、プレッシャーなどを感じていながら、その一方で、弱みを人には見せたくないという気持ちを抱えているため、自分の弱みを表情に出すまいとし、うれしさや楽しさまで表情に出さなくなってしまうのだ。その傾向が強くなると、すでに触れたように、外界からの刺激に全く反応を示さない〝デスマスク〟のように無表情な顔になることがある。

そういう人は、精神的、肉体的にひじょうに疲れているか、心の病（とりわけ、うつ病）を患っているケースが少なくない。

「合わせた視線を先に外すのは弱気な人」の大ウソ

初対面の人と視線を合わせ、相手が先に視線をそらすと、「よし、勝った」と思う人もいるだろう。そういう人は、「視線を先にそらすのは、弱気なほう」と思いこんでいる人といえる。

しかし、視線を先にそらしたら、必ず弱気かといえば、心と行動の関係は、それほど単純ではない。

もちろん、先に視線をそらす人には、弱気な人もいる。ただし、本当に弱気な人は、最初から視線を合わそうとしなかったり、視線を合わせても目の力が弱い。また、若者には、本当は気が弱いのに虚勢を張って「気合いで相手に負けない」などと、意図的に視線を合わせ、自分からは視線をそらさない人もいる。

反対に、自信があるので、先に視線をそらすという人もいる。駆け引きの道具として、視線を活用する人である。

彼らの狙いは、視線を先にそらすことで、相手の動揺を誘うことにある。互いに視線を交えておきながら、一方がサッとそらすと、相手はなぜ視線をそらしたのか気になるものである。

その後、相手のいろいろな動きが気になりはじめ、結果として自分のペースを乱しやすい。

そういう駆け引きでペースを乱されてしまうのは、おおむね本当は気が弱いくせに視線で威嚇《いかく》しようと意気込んでいる人といえる。

視線を左右にそらすのは、「拒否」のサイン

世の男性には、女性に〝目で殺された〟という人が少なくない。「初対面のとき、彼女の目に魅かれたんですよ」という人もいれば、「あのコの目に弱いんだよね」

という人もいる。

反対に、気に入った女性を目で惹きつけようとする男性もいる。たとえば、グループで飲みに行くと、わざと向かい合うような位置に座り、目で好意を伝える男性がいるものだ。ただし、そんなとき、女性が、見つめ返してくれればいいが、目を左右にそらしたら、「脈なしか」とあきらめるしかない。

視線を左右にそらすのは、一般的にいって、相手を拒否するサイン。それに気づかず、しつこくつきまとえば、ますます嫌われるのがオチだろう。

そうかと思えば、一度は視線をそらしたのに、その後、向こうから誘ってくる女性もいる。

彼女は、視線を駆け引きの材料につかっているわけで、すると、男性は、いったんあきらめかけていたので、より相手に対して夢中になりやすい。そうした女性の罠にはまった男性は、その後の付き合いで、女性に主導権を握られることになるだろう。

また、ビジネスの交渉の席でも、視線で相手の意向を探ることがある。

言葉で直接「いかがでしょうか」と尋ねるのではなく、相手と視線を合わせるのである。そこで、相手が視線をそらせば、「ノー」のサインと判断して、その日の交渉は、いったん打ち切るという方法もある。そして、再度、条件などを練り直し、改めて交渉を再開する。

そうすれば、交渉が完全に打ち切られることを避けられ、しぶとく交渉し続けることができる。

相手が視線を合わせてきたときの四つの可能性

心理学の実験によると、互いに向かい合って話しているとき、相手の顔をよく見ているのは、聞き手のほうだという。

また、互いの視線が合っているのは、平均で一・五秒程度で、それ以上長くなると、どちらかから視線をはずすことが多いという。それ以上に長くなると、その視線が何らかの意味をもってしまうからである。

また、視線をめぐる実験では、視線の意味は、次の四種類に大別できることがわかっている。「会話のフィードバックを求めるとき」「目で連絡を取りたいとき」「相手に好意をもつとき」「相手に敵対心をもつとき」の四タイプである。さらに、最初の二つは意識的に行われ、後の二つは意識的にも無意識にも行われることがわかった。

その一方、面と向かって話しているときでも、視線をいろいろな方向にさまよわせる人がいるものだ。そういう視線の定まらないタイプには、神経質で、強い不安感をもつ人が多いという。

会話中、キョロキョロと視線が動くのは、たえず周囲を気にしているからだ。ついそうしてしまうのは、自分に自信がなく、たえず不安な気持ちを抱いているからである。

むろん、そういう人は神経質なタイプであり、視線をさまよわせながら、さまざまなことを気にしている。その分、話への集中度は低く、肝心なことを聞き漏らしていることが多い。

だから、視線の定まらない人と話すときには、話の内容が正確に伝わっているかどうか、よく確認したほうがよい。

目を合わせるか、そらすか…一番いいやり方は？

緊張しているとき、本音を漏らす人はいない。相手の本音を引き出すためには、相手をいかにリラックスさせられるかがポイントとなる。その意味で重要なのは、聞き手の目つきだ。聞き手が厳しい目つきをしていれば、話し手はリラックスできない。

ひと言でいえば、赤ちゃんを見るときのような、やさしい目で相手を見るとちょうどよい。そう言われてもわからない人は、焦点を相手の顔の中心におき、ぼんやり見ることから始めたい。

相手の目の周辺や鼻のあたりに、ぼんやりと視線をただよわせると、見つめるでもなく、無視するでもない、ちょうどよい目つきになる。

ただし、大人が相手の場合、ぼんやり見ているだけではダメで、会話内容に応じて目を見たり、そらしたりすることが必要になる。たとえば、世間話なら一秒ほど見て、七〜十秒ほど離す。さらに、また一秒目を合わせて離すことを繰り返す。

面白い話で盛り上がったり、相手が興味深い話をすれば、今度は視線を三秒ほど合わせて、自然にそらす。

そのような目のつかい方で接していけば、しだいに相手はリラックスして、心を開いてくれるようになるはずだ。

ぎこちない視線の相手が抱える心理的トラブル

初対面の人が多く集まるパーティーやセミナーに出席すると、視線の動きがぎこちない人を見かけることがある。こちらの目をじっと見ていたかと思えば、キョロキョロしたり、ふいに目をそらしたりする人である。そんな人は、対人関係に不安を抱えているケースが多い。

視線がぎこちなく動くのは、無意識のうちに、自分の視線の行方を気にしているからである。たとえば、だれかと目が合って、相手もそれに気づいたとき、ふつうの人なら、会釈をしたり、「何もないですよ」と言うように自然に視線をそらすものだ。ところが、自分の対人関係能力に不安があると、「ここで視線をそらすと、変に思われるのではないか」と思ってしまい、視線をはずせなくなってしまうのだ。

また、だれかと目が合いそうになると、「ここで目が合うとまずい」という意識が働いて、あわてて目をそらしてしまう人もいる。

というような、ぎこちない視線の裏には、対人関係における心理的なトラブルが隠されていることが多い。

必要以上に視線を合わせてくる理由とは？

イタリアを旅する日本人の若い男性には、「ボク、イタリアではよくモテるなあ」と勘違いする人がいる。街を歩いている間、若い女性と視線が合うことが多いので、「ボクに興味があるんだ」と錯覚してしまうのだ。

確かに、視線を合わせるのは、好意を抱いたときのシグナルというケースが多い。

ただ、イタリアのようなラテン系の国々は、日本とは違って「視線を合わす文化圏」であるため、見知らぬ人に対しても気さくで、好意とまでいかなくても、関心や興味をもっただけで視線を合わせてくる人が多いのだ。

また、日本人のなかでも、「親和欲求」の強い人ほど、他人と視線を合わせることが多くなる。そういう人は、つねに人と一緒にいたい、人と話したいと思っているので、他人に対しても視線を合わせることが多くなるのだ。

また、何かに不安を抱いている人も、目の前の人がどう考えているのか、どんな心理状態なのかを気にしているため、人と視線を合わせることが多くなる。むろん、この場合は、視線が合っても、相手に対して好意を抱いているわけではない。

さらに、外向的な性格の人も、人と視線を合わせやすい傾向がある。相手への関心の高さが、視線を合わせるという行為になって現れるのだ。

反対に、内向的な性格の人は、他人にあまり関心を示さないので、視線を合わせることは少なくなる。

加えて、「眼《がん》を飛ばす」という言葉もあるように、相手に対して敵意や対抗心をもっているときも、意識的に視線を合わせることがある。

鼻の微妙な動きから相手の「満足度」を知る方法

「鼻の穴をふくらませる」「鼻をうごめかす」「鼻高々」など、鼻をつかった慣用句には、どこか得意気な表情を表す言葉が多い。他にも、「鼻もちならない」「鼻であしらう」などという言葉があるが、それも昔の人が、鼻にはその人の自信の程度が表れることに、よく気づいていたからだろう。だから、ビジネスの交渉やデートのときも、相手をほめたり、おだてたときに、相手の鼻に注目すれば、そのお世辞に効果があったかどうかがわかる。

相手の鼻がピクピクしたり、鼻の穴がふくらめば、相手は自尊心が満たされた証拠。お世辞が効いているシグナルであり、その後の交渉やデートがスムーズに進む可能性が高い。

反対に、鼻がピクリともしなければ、相手は「こいつ、おだてやがって」と思っているかもしれないし、そもそも、おだてには乗らないタイプなのかもしれない。

いずれにせよ、おだて作戦がうまくいっていないことは確かで、戦術の変更が必要になってくる。

顔の色の変化は、どう読むのが正解？

「顔色が変わった」という言葉があるように、「顔の色」には、その人の感情の状態が雄弁に表れる。

たとえば、「顔が赤くなる」のは、恥ずかしい思いをしたり、強い不安をいだいたときである。また、ウソを指摘されたり、痛いところをつかれたときにも、顔は赤くなる。さらに、強い怒りを覚えると、顔が真っ赤になる。

これは、興奮状態になると、アドレナリンというホルモンの分泌が活発になって、血圧が高くなり、顔まで血のめぐりがよくなって、顔面が朱に染まるのだ。

恥ずかしい思いをすると、「顔から火が出るくらい」というたとえが使われるが、これも脳が一種のピンチと感じて、アドレナリンの大量分泌を命じ、顔の毛細血管にまで血が多量に巡ってくるからである。

なかには、怒ったり、恥ずかしい思いをしたときでも、顔色を変えない人もいるが、そういう人でも、耳だけは真っ赤ということもある。

これは、耳にはすばやく血液が循環するため、まず耳が赤くなり、次に顔全体が赤くなるからである。

一方、顔が青くなるのは、恐怖心が強いとき。あまりの恐怖に、顔や頭への血のめぐりが悪くなり、顔全体が青ざめて見えるようになる。

事故でケガをしたときには、当初は、事故による興奮状態で顔が赤くなっていたのに、意外に重症で手術が必要とわかった瞬間、顔が青ざめることもある。

まばたきの回数と心理状態の相関関係とは？

ふつうの人がまばたきをする回数は、一分間に二〇回程度。つまり、三秒に一回ほどの割合でしていることになる。

話し相手がそれ以上のペースでまばたきをしていると、「落ちつきがない人」という印象を受けることになる。

心理学でも、まばたきの回数には、その人の緊張の度合いが表れると考えられている。

じっさい、目に力を入れると、すぐにまばたきしたくなるように、まばたきが多いということは、それだけ目の周りが緊張している証拠といえる。そして、目の周りが緊張するのは、おおむね不安や恐怖を感じているときである。

たとえば、会議などで論戦を繰り広げているとき、一方がしきりに目をパチパチしていれば、それは不安や恐れを感じているシグナルとみてとれる。相手の意見に「痛いところを突かれた」と感じたり、自分の発言の誤りに気づいて不安を感じている証拠と思っていい。

かつて、アメリカの大統領選の際の討論会で、民主党の候補者が、通常の三倍にあたる一分間に六〇回近くもまばたきを連発、そのまばたきの多さが国民に「気が弱い」と受け止められ、支持率を大幅に落としたことがあった。

今度、テレビで日本の党首討論を見る機会があれば、党首らのまばたきの回数に注目してみると、それぞれの党首の心理状態がわかって面白いかもしれない。

「目の前のものが欲しくなると唇が動く」の法則

テレビアニメには、おいしそうな獲物を見つけたオオカミが、よだれを飛ばしながら舌なめずりをするシーンが登場することがある。

本物のオオカミは、そんなことをしないので完全な擬人化だが、あなたの周りにも、御馳走を前にしたり、オイシイ話を聞いたりしているとき、唇を舌でペロリとなめる人はいないだろうか。

そこまで大げさでなくても、唇を少し動かしたり、唇どうしをこするようにする人はいるはずだ。

このように、人が、思わず唇をなめたり、動かしたりしてしまうのは、目の前にあるものに強い関心をもち、欲しているときである。それは、母親の乳首を求める動作の名残とも考えられている。

「ハッハッハ」「フフフ」「フン」…笑い方に隠された意味

人の話を聞きながら、大きな声をあげて笑う人がいる。そういう人は、男女を問わず、基本的にほがらかで、冗談好きの人が多い。また、大声で笑うということは、口を大きく開けるわけで、それは心理的に、話し手に対して、心を開いていることを表す。

しかし、そういうタイプには、人の心の奥までずかずかと入ってくる傾向がある。また、感情をコントロールすることが苦手で、ストレートにものを言い過ぎるため、本人に悪気はなくても、知らないうちに相手を傷つけていることがある。

一方、大きな声では笑わない人は、次の二つのタイプに分けられる。

一つは、感情を抑えることのできる人で、冷静に行動できるタイプ。気持ちにゆとりがあり、笑いながらも、自分の表情に気を遣う。バカになりきれないタイプともいえる。

もう一つは、大きな声で笑わないうえ、目も笑わないタイプである。つまり、笑みを浮かべても、愛想笑いという人だ。そういう人は、相手を傷つけないように笑ったふりをしているわけで、性格的には協調性に富んでいる。出しゃばることもないが、その反面、個性には乏しく、面白みがない人が多い。

「フフフ」と含み笑いをよくする人は、感情のコントロールにたけている。感情を自分のなかで処理するので、あまり表には出てこない。ただし、何を考えているのか、よくわからないので、付き合いやすいのか、付き合いにくいのかも、よくわからない人といえる。

「フン」と〝鼻で笑う〟人は、その慣用句の意味の通り、相手をバカにしていることが多い。基本的にエリート意識が高い、鼻もちならないタイプが多いが、なかには口では相手にうまく合わせるのが得意で、人付き合いが上手な人もいる。それでも、ときどき鼻で笑ってしまうので、いずれは本性がバレることになる。

笑うとき、手で口を隠す人には、幼児期からきちんとしつけられた人が目立つ。ただ、そういう人は、大人になっても、子ども時代の言いつけやしつけに縛られているうえ、親の期待に応えなければという気持ちが、心の奥底に眠っているケースが多い。

聞き手の心理状態を知るとっておきの方法――うなずき

会話中、相手が「なるほど」と言いながら、うなずくことがある。ところが、相手がうなずいたからといって、必ずしもそれは賛同のシグナルではない。うなずくという単純な動作にも、ケースによって、さまざまな心理が隠されている。

もちろん、相手が深く丁寧にうなずいたら、こちらの話をよく理解し、本心から納得しているとみていいだろう。

ただし、それが三回以上繰り返されるようであれば、眉に唾したほうがよい。本心では納得していないのに、社交上の演技として繰り返していると考えられるからだ。そういうケースでは、話を聞いている相手の表情をさらに観察して、真意を読み取ることが必要になる。

また、うなずきながら、体を後ろへひくようにする人は、「考える時間がほしい」

と思っていることが多い。こちらの熱意を感じ、賛同したい気持ちはあるのだが、何か引っかかるところがあるという気持ちが、後ずさりという行動になって表れるのだ。逆に、身を乗り出すようにうなずけば、よほどの演技者でない限り、こちらの話に興味をもち、納得している証拠とみていい。

一方、話の流れを無視したうなずきは、明らかな拒絶のサインであり、「それ以上、話を聞きたくない」と思っている証拠。頃合いをみて、話を打ち切ったほうが、お互い時間の無駄を防げるだろう。

聞き手の心理状態を知るとっておきの方法――相づち

「うんうん」と言いながら大きくうなずいたり、「なるほど」と言って身を乗り出したり、「それで」と合いの手を入れて話の続きをうながすなど、相づちは円滑なコミュニケーションに欠かせないが、ちょっとした相づちにも、聞き手の心理が表れる。

たとえば、相手の話を聞きながら、ゲラゲラ笑うのも、立派な相づちである。そして、その笑い声という相づちには「あなたの話は楽しい。もっと聞かせて」という聞き手の気持ちが表れている。

一方、こちらの話にかぶせるように「うんうんうんうん」としきりに相づちを打つのは、「あなたの話はつまらないので、そろそろ話を終えて」という気持ちを表すことが多い。話の間合いも考えずに相づちを打つということは、話を適当に聞き流している証拠であり、「隙があれば、口をはさんで自分が発言したい」と思っているからだ。

また、身振り手振りをまじえ、大げさなリアクションで相づちを打つタイプは、サービス精神の旺盛な人に目立つ。相手に気持ちよく話してほしい、あるいは自分も参加して話を盛り上げたいという心理から、リアクションが大きくなるのだ。

逆に、相づちが少ない人は、話をまったく聞いていないか、つまらないと思っているか、あるいは、自分の言いたいことを頭の中で考えているかである。どれに当てはまるかを知るには、相手の視線や表情、しぐさをさらに観察して絞っていくことが必要になる。

コラム1　世の中の動きは、人間心理から見ると面白い！

◆なぜ根拠のない噂が世間にひろまってしまうのか？

人の噂というのは、場合によって大きな威力を持つ。たとえば、「あの銀行は危ない」という噂によって、取り付け騒ぎから銀行が破綻《はたん》に至ることもある。

そんな噂の広がり方をめぐっては社会心理学で「流言の発生条件」と呼ばれる条件がある。この場合の流言とは、自然発生的に生まれた裏付けをもたない情報のことで、誰が言い始めたかはわからないが、人々がそれを真実と受け入れ、広めていく情報のことである。

流言の発生条件については、G・W・オールポートとL・ポスマンがつくった公式がある。

〔流言の流布量〕＝〔重要度〕×〔あいまいさ〕

という公式で、つまり問題の重要性とあいまいさの掛け算（積）によって、流言の広まる規模は決まるのだ。

この公式に従えば、流言がもっとも広まるのは、重要度の高い問題でありながら、その情報があいまいで、真実かどうかわからないときである。その典型は、地震や火山噴火などの自然災害が起きたときや、突発事件が起きたとき。大きな災害や事故が起きているのに、その全貌も原因もわからない。そんなとき、人は不安に突き動かされ、流言を受け入れやすくなり、また広めやすくなるのだ。

政府が国民に重要な問題を秘匿したり、言論統制しているときもまた、流言が広まりやすい。国民は、重要な問題についてほとんど知らされていないと思うとき、不安と願望から流言を受け入れやすくなるのだ。

一方、国民にとって重要な問題があっても、それがすでに決定事項であれば、流言は広まりにくい。また、多くの人にとってどうでもいい話の場合は、たとえその話があいまいであっても、流言となることはない。重要度の低い話が、人の口から口へと広まることはないのだ。

◆ヒソヒソ話を立ち聞きすると、つい信じてしまうワケ

オフィスで、会社の重役クラスがヒソヒソ話をしているのを立ち聞きしてしまっ

た。専務が会社の金を使い込みしているという話で、立ち聞きした人が、同僚や部下にその話を伝えたため、横領話は社内に一気に広まっていく。そして、横領の疑いをかけられた専務は窮地に陥る——。

じつはこれが、重役たちによる専務追い落としの作戦だったということもある。重役たちは、ヒソヒソ話を偶然に立ち聞きした者が、ほとんど無条件にその話を信じてしまうという心理を利用したというわけだ。

人は、ヒソヒソ話では、真実が語られていると思い込みがちだ。誰しも、他人に知られたくない話は大声では話さない。小声で伝えようとするものだ。そういう先入観があるため、ヒソヒソ話を聞くと、その内容が真実かどうか、疑う気持ちを失ってしまうのだ。

まして、そのヒソヒソ話を偶然耳にすると、「偶然性の効果」に後押しされて、いよいよその話の中身を信じ込んでしまう。

面と向かって話されると、「眉つばもの」と思えるような話でも、偶然耳にすると、そこに話し手の意図やもくろみを感じないため、聞いた人は容易に警戒心を失ってしまうのである。

逆にいえば、この偶然性の効果を利用すれば、偶然を装ってヒソヒソ話を意図的に聞かせ、ウソの情報を信じ込ませることもできるというわけだ。

たとえば、上司らがオフィス内で雑談をしているとき、「先日の会議では、社長の一喝で専務がビビッてしまってね」と話したとする。すると、周囲の者はこの話をまともに受け止めて、社長を威厳ある存在に感じる。実際は、その話が上司二人による威厳ある社長像づくりのための、でっちあげだったとしても、周囲の者は以後、社長をいっそう恐れるようになるというわけだ。

◆高級車が他のドライバーに与える心理的影響の謎

お金に余裕のできた男性には、高級外車を買う人が少なくない。中小企業であれ、社長ともなれば、もう小さな自動車には乗らない。国産車、外車を問わず、高級車に乗るようになるものだ。さらには、懐にさして余裕のない若者でも、クルマだけは高級車に乗っているというケースもある。

このように高級車を乗り回したがるのは、たいてい男性である。女性に比べて、男性がやたらと高級車に乗りたがるのは、心理学的には、「社会的勢力」を誇示するか、それを得るための行動といえる。

社会的勢力とは、他人を一定の方向に動かすことができる潜在的な力のこと。他人を動かす力の源は、報酬や技術、あるいは罰であったりするが、ほかに他人の行動を規制する正当な権利というものがある。これは「社会的正当勢力」といわれる。人は、自分より目上だったり、社会的地位が上だと認めたものに対して、敬意を払ったり、萎縮したり、遠慮がちな行動をとったりする。

話を車に戻すと、高級車に乗っていると、この社会的地位が自分より上だと見なしてもらいやすくなるのだ。いったんそう見なされると、敬意を払ってもらえるし、優越感にひたれるというわけだ。

高級車に乗る人が社会的に上位者と見なされやすいことをめぐっては、アメリカで次のような実験が行われたことがある。高級な新車と普通の中古車をそれぞれ走らせ、赤信号のときに先頭になるように止まらせる。青信号に変わったとき、すぐには発進せず、十二秒間停止したままにする。

当然、イライラした後続のクルマからクラクションを鳴らされるが、このときの青信号からクラクションが鳴るまでの時間を計測したのである。それによると、青信号に変わってからクラクションが鳴らされるまで、新車の場合が平均八・五秒、中古車の場合では平均が六・八秒だった。

もう一つ興味深いのは、クルマが発進するまでクラクションを鳴らさなかった後続車の数だ。新車の場合は十八台、中古車の場合は六台だった。

後続車が新車に対してクラクションを控えたのは、後続車に乗っている人が新車に乗る人を上位者と認めたからである。相手に対して感じてしまう敬意や萎縮から、クラクションを鳴らすことを控えたのだ。

◆ネットで過激な書き込みが多くなるのはどうして？

インターネットをめぐる問題の一つに、過激な書き込みがある。何かのきっかけで、ふだんの会話ではありえないような人格攻撃、侮蔑《ぶべつ》や嘲《あざけ》りの言葉が、書き込み欄にあふれるようになる。ふだんは温厚な人物でも、ネットでは荒っぽい言葉遣いになりやすい。

ネットの書き込みに過激な言葉が多くなるのは、むろん匿名性の高い世界だからである。

書き込みをするときには、たいていハンドルネームを使うか匿名なので、書き手の素性が明らかになりにくい。その安心感から、ふだんは抑えている攻撃的な側面が現れやすくなるのだ。

匿名性の高い環境がいかに攻撃性を引き出すかについては、心理学者ジンバルドによる実験がある。ジンバルドは、女子学生を集めて、二つのグループに分けた。一つのグループには全員に名札をつけさせて「匿名性の低い集団」とし、もう一つのグループには目と口だけの開いた衣を着せて「匿名性の高い集団」とした。

そのあと、彼女たちの前に別の女性が現れる。その女性に対して、操作ボタンを押して電気ショックを与えるのが、彼女たちの任務である。なお、現れた女性はサクラであり、本当に電気ショックを与えられるわけではなく、苦しそうな演技をするだけだ。

そういう設定で、女子学生たちがボタンを押した時間を測定すると、名札をつけた「匿名性の低い集団」は〇・四〜〇・五秒でボタンを離した。一方、衣で隠した「匿名性の高い集団」は〇・六〜一秒程度ボタンを押し続けた。

この実験でも明らかなように、人には匿名性が高くなると攻撃性が高まるという側面があるのだ。ふだん、匿名性が低い環境では、誰しも自らの攻撃性を抑制している。報復を恐れる心理と、自分の人格がすぐれていると見られたい心理が働いてのことだ。

ところが、匿名性が高い環境では、相手を攻撃しても、それが自分とはわからないだろうという心理が生まれる。報復を受けたり、自分の人格を疑われる心配がないので、ふだんでは考えられないような非難や中傷も行ってしまうのだ。

◆「落書き厳禁」と書くと、ますます落書きされやすくなるワケ

近年、街に落書きが目につくようになったが、落書きの多い場所に「落書き厳禁」という札を貼るのは逆効果になりやすい。かえって、落書きされることになりがちだ。

禁止を呼びかけるほどに落書きが多くなるのは、不届き者の中にある「自由への欲求」を刺激するからである。

人は、何かを禁じられたとき、自由を封じられたと感じる。自由を脅かされたからには、その自由を回復しなければならない。加えて、自由を封じた者への心理的な反発もある。そのため、禁止されたことをしようとするのだ。

その禁止の程度が強くなればなるほど、人はますます禁じられたことをしようとする。自由を強く侵害されたと感じると、その自由がますます貴重なものに思え、取り戻さなくては気がすまなくなるのだ。

強い禁止がいかに反発を招くかについては、次のような実験が行われている。大学の男性用トイレの個室に、落書きを禁じたプレートをかける。プレートは二つあり、一つは「落書き厳禁!」と強く禁じたプレート、もう一つは「落書きしないでくだ

さい」という弱い禁止のプレートである。また、署名プレートも用意されていて、一つは「大学警察保安部長」という権威、もう一つは「大学警察構内委員」というさして権威のないプレートだ。

これらのプレートを二時間おきに付け替えて、落書きの書き込みの数を調べたところ、もっとも落書きが多かったのは、「落書き厳禁！」と「大学警察保安部長」の組み合わせだった。権威ある者が強く禁止したとき、もっとも落書きが増えたのだ。権威による禁止は、自由を強く脅かすものだったからだ。

逆に、もっとも落書きが少なかった組み合わせは、「落書きしないでください」と「大学警察構内委員」だった。権威のない者からさして強くない禁止を求められても、人はさほど自由を侵害されたとは思わず、反発もしなかったのである。

◆わかっていてもやめられない「うっぷん晴らし」の心理とは？

インターネットの掲示板に、「明日、午後三時、○○小学校を襲う」といった書き込みがされることがある。今は、匿名の書き込みでも、アクセス記録から書き込んだ人が特定されて、逮捕されるケースが多くなっている。

こういう書き込みをする犯人は、ほとんどの場合、何らかのものに対して、強い憎悪を抱いていることが多い。

その憎しみの対象は、攻撃目標とした○○小学校なのか、あるいは自分の親なのか、自分の通う学校なのか、それとも社会全体なのかはわからないが、何かを強く憎んでいる。

しかし、本当に憎いものに対しては、危害を加えることができないため、掲示板に書き込むことで、その憎しみを発散させていると考えられる。

また、動物を殺したり、傷つけたり、花壇をめちゃくちゃにしたり、学校の窓ガラスを割るといった事件も起きているが、それらの事件も、本当に憎いものを破壊する代わりに、弱いもの、無抵抗なものを攻撃することによって、感情を発散させているといえる。

このように、欲求不満の対象を本来のものから別のものに換えることで、その不満を解消しようとすることを「置き換え」という。

これは、日常的には「うっぷん晴らし」や「八つ当たり」と呼ばれる行動であり、夫婦ゲンカをした親が子どもを叱りつけるなど、家庭でも学校でも会社でも頻繁に起きている現象だ。その際、置き換えの対象に選ばれるのは、本来の対象よりも弱いものや無抵抗なものである。

また、「置き換え」には、愛情を得る対象や、愛情を注ぐ対象を別のものに置き換えるケースもある。

たとえば、親の愛情に飢えている子どもが、家族よりも同世代の仲間と一緒に過ごしたいと思って家出したり、夫婦関係の冷えた者がペットを異常にかわいがるのも、愛情の対象を置き換えているからと考えられる。

しかし、こうした行為は、自我の崩壊を防ぐための一時的なごまかしであり、それで不満が解消されていくわけではない。

◆強い欲求不満がスポーツや芸術での成功につながるワケ

一般道をバイクで暴走すれば、それは重大な交通違反であり、大きな社会的迷惑となる。しかし、同じようにバイクで突っ走っても、それがレース場なら、誰からも文句は言われない。ましてや、大きな大会で優勝すれば、社会的に尊敬される存在にもなれる。

バイクで走るという行為でも、状況によって、その意味は大きく違ってくる。

一般的に、若者がバイクで暴走する裏には、社会や周囲に対する欲求不満や破壊衝動がある。そのはけ口をバイクによるスピードとスリル、解放感などに求めるのだが、そのはけ口を、同じバイクでもレースに求めれば、職業として成り立つというわけだ。

そのように、欲求不満を社会的に価値のある行為によって解消することを、精神分析では「昇華」と呼ぶ。

いわゆる「青春ドラマ」には、この「昇華」を軸にした物語が多い。たとえば、かつて高視聴率をあげたテレビドラマ『スクールウォーズ』は、この「昇華」をモチーフとした典型的な物語だったといえる。

授業が成立しないほど荒れている学校に、元ラグビー選手の教師が赴任《ふにん》する。ラグビー部を指導するなか、当初は、やりたい放題の生徒たちにてこずるが、熱い気持ちと的確な指導によって、しだいに生徒たちの心をつかみ、成長したチームはついに全国大会で優勝する。

これは、京都の伏見《ふしみ》工業高校での実話をモデルにした物語で、若者の欲求不満や破壊衝動を社会的迷惑や犯罪ではなく、ラグビーというスポーツによってみごとに昇華させたケースといえる。

実際、スポーツや芸術の分野では、強い欲求不満をエネルギーにして、大きな実績を残した例が少なくない。

Chapter 3

上司、取引先、交渉相手が語らない本心の読み方

最初のあいさつで、相手の「思惑」を見抜く方法

「初めまして」とあいさつするとき、相手の目をじっと見る人がいるが、そういう人は、商談や交渉などで優位に立ちたいと思っている可能性が高い。ボクシングの試合直前、対戦相手の目をにらみつける（眼を飛ばす）選手がいるが、それと同様に、潜在的にせよ、まずは目力《めぢから》で威圧して相手を圧倒しようと思っていることが多いのだ。

そんな相手に対して、目をそらし、気持ちで負けてしまうと、相手の思うツボにはまることになる。にらみ返す必要はないが、余裕をもって受け止めたうえで軽く視線をそらしたい。

というのも、初対面で相手の目をじっとみつめてくる人には、過去に気合い負けした経験のある人が少なくない。もともと、気弱だったり、自分に自信のない人が多いので、こちらが余裕ある対応をみせれば、それだけで勝手にひるんでくれるこ

ともある。

また、初対面のあいさつで、深々とおじぎをする人は、相手を優位に立たせようという気持ちを抱いているとみていい。もともと、おじぎは、「あなたに敬意を表します。反抗する気持ちはございません」というボディメッセージ。そのおじぎをことさら丁寧にするということには、下手《したて》に出ることで相手を持ち上げたいという気持ちが表れている。一方、初対面でも軽く頭を下げる程度なら、対等の関係と思っているとみられるし、うなずく程度のあいさつなら、自分が優位にあると考えているシグナルとみていい。

というように、あいさつのときの態度は、対抗か、恭順か、尊敬か、対等か、優位かといった相手の心中をはっきりと表すものである。

やけに時間に正確なのは「几帳面」だからではない

約束の時間に、ひじょうに正確な人がいる。ふつうにとらえると、いつも時間に正確なら、几帳面で信頼できる人と思えるところだが、現実にはそうではないこともある。時間に正確な人には、本当に几帳面で信頼できる人の他に、次の二通りがあるようだ。

一つは、ふだんはズボラなのに、約束の時間だけは正確に守るというタイプ。これは、心理学でいう「補償」と呼ばれる行為の一種と考えられる。ズボラだという自分の欠点を克服しようとする心理的反動から、部分的にきちんとした行動をとろうとしているのだ。他の面では、ズボラで有名な人が、時間にだけは正確というのは、よくあることである。

そんな人は、たとえこちらが遅れていっても、いっこうに気にしない。ふだん、自分がズボラなので、相手がズボラをしても怒りや不満をいだかないのである。また、時間には正確でも、慣れてくれば、本来のズボラさが顔をだすはずである。

また、時間に正確な人には、几帳面を通り越して、神経質な人も少なくない。そういう人は、相手に対しても時間厳守を求めるので、待ち合わせをすると、約束の時間にそこへ現れるが、相手がまだ来ていないと、そのまま帰ってしまう人もいる。さすがに、ビジネス上の約束なら、しぶしぶ相手を待つだろうが、少し待たされただけでも、相手に対する評価を急降下させがちである。

また、仕事を一緒に始めても、要求が細かいなど、付き合うのに苦労することが多い。

約束の時間にいつも遅れる人の心の底にあるもの

待ち合わせに、毎度のように遅れてくる人がいるものだ。そういう場合、遅れてくる人は、相手を見下していることが多い。

ビジネスの世界では、約束した時間に遅れないように行くのは、常識中の常識。それなのに、相手を平気で待たせるのは、心の底に「あいつなら、少々待たせても構わない」という気持ちがある証拠といえる。

さらに、遅れて行くことで、「待たせても怒りはしないだろう」と、自分の優位を確認しようとする気持ちが働いていることもある。

そういうタイプには、自信家でプライドは高いが、論理的な思考を苦手にする人が目立つ。

ビジネスに立場の強い・弱いはつきものなので、相手から見下されてもじっと我慢せざるをえないことがあるが、そういうタイプは、下手に出るとますます図に乗ることが多いので、注意が必要である。

相手の座り方次第で、交渉の手順はこう変える

あるビジネスマンは、商談の席で相手の座り方を見て、急きょ、その日の予定を変更したことがあるという。当初の予定では、冒頭から本題に入り、自分たちの主張をじっくり聞いてもらうつもりだった。

しかし、現実には、本題に入る前に、前夜のプロ野球の結果について話し、開催中の夏の甲子園大会についても話をした。午前十一過ぎから始まった交渉は、野球の話題だけで昼食の時間を迎えてしまったが、その後、昼食を取りながら本題に入り、食べ終わる頃には色よい返事をもらったという。

つまり、最終的にその日の商談は大成功だった。

では、そのビジネスマンがなぜ予定を変えて野球の話から始めたのかというと、相手が、椅子に浅く座っていたからだったという。彼によると、相手が椅子に浅く座っている場合は、その商談に乗り気ではなく、なるべく早く席を立ちたいという心理状態を表しているという。

後にわかったことだが、その日、相手は他に気になることがあって、できればそちらの処理を優先したかったという。ところが、大好きな野球の話でリラックスしたのがよかったのか、雑談のなかで、ふと別件の解決策が浮かんだらしい。そこで、相手の話をじっくり聞く余裕が生まれたのだった。

この例のように、相手の椅子の座り方から、心理を読む方法を知っておくと便利だ。たとえば、相手が、じょじょに身を乗り出してきたら、あなたの話に興味をいだいてきたか、逆にあなたを説得しようと思っているサイン。最初から椅子に深く座っているのは、話をじっくり聞こうと思っているサインである。

さらに、深く座って脚を大きく広げている人には、権威主義的なところがあるはずだし、逆に脚を固く閉じていれば、不安で緊張をしているサイン。固く脚を閉じていれば拒絶のサインで、軽く自然に組んだり、開いたりしているのは、平常心で交渉に臨んでいることを表している。

会議の出席者の「心構え」を一瞬で読む技術

会議では、座る場所と発言の中身に密接な関係があるといわれる。

たとえば、テーブルの長い辺の真ん中あたりに座る人は、会議中、積極的に発言しようと思っている人。注目が集まりやすい場所であり、進行役から発言を求められる機会が多くなりやすいからである。そこで、最初から、積極的に発言しようと思っている人が座る傾向が強いといわれる。

一方、テーブルの角に座る人は、その会議でほとんど発言することはないだろう。目立ちにくい場所であり、会議中、だれかと視線を合わせる回数も少ないそういう場所には、発言する意欲の低い人が座っているものだ。

また、いつもよく発言する人の正面には、その人に対抗心を抱く人が座ることが多い。正面から相手を見据え、議論を戦わすぞという気持ちが、正面の席を選ばせるのだ。

このように、会議で座る位置に注目すると、それぞれがどんな思いで会議に出席しているかが見てとれる。なお、注目されやすい場所に座った人があまり発言しないと、会議全体が重苦しい雰囲気になりやすい。

失敗した後の反応に表れるその人の〝本性〟とは？

ある食品メーカーで、新商品開発のプロジェクトが進行中だったが、最終的に役員会の承認が得られず、中断された。

そのさい、新規プロジェクトの中心になっていた四〇代の課長は、ショックを受けて会社を二日間休んだうえ、出社後も暗い顔をしていた。それに対して、補佐役だった三〇代の課長代理は、その夜には大酒を飲んだが、次の日からはカラッとして残務整理を始めたという。

と聞けば、二人の行動の違いは、責任者と補佐役という責任の重さの差によるものと考える人もいるだろうが、それ以上に二人の性格の違いの影響が表れたようである。

失敗を引きずった課長は、プロジェクトの挫折の原因は、自分の能力不足にあると考えた。つまり、失敗の原因を自分に求めたのである。そのようなタイプは、心理学では「内的統制型」と呼ばれている。

一方、ショックを引きずらなかった課長代理は、「役員会の決断不足」を失敗の原因として、「今回は運が悪かった」と自分をなぐさめた。このように、失敗の原因を運や偶然、他人や組織、社会に求める傾向のある人は「外的統制型」と呼ばれる。このケースのように、同じ失敗をしても、性格によって、その後の行動や心理状態は大きく違ってくるのである。

一般に、内的統制型の人は、いろいろな面で自己抑制が働き、地道な努力型で、周囲とも堅実な人間関係を望む傾向にある。

他方、外的統制型の人は、活発で、人間関係では親分肌のところがあり、人の世話を焼くのが好きというタイプが多い。

指示を出す「場所」に、上司の自信のなさが出る

会社では、上司が部下を自分の部屋や席に呼びつけ、命令や指示を出すことがある。そうした部下を自分のテリトリーに呼びつける上司には、権威をかさにきて、虚勢を張るタイプが多い。一見、自信家に見えても、内心はビクビクしているので、ここ一番には弱い。

一方、自分の席から離れて、相手の席などへ行って、命令や指示を出す上司には、自分の立場や仕事に自信をもっているタイプが多い。自分の縄張りを離れても大丈夫という自信があるうえ、上下関係にもさほどこだわらないので、部下の中へも気さくに入っていけるのだ。

また、自分の席から離れるのは同じでも、別室や喫茶店などへ誘う上司には、警戒心の強いタイプが多い。自信のあるときと、自信のないときの差が激しく、気分にムラが出やすい。部下にとっては接しにくいタイプといえる。

なぜ傍目にはいい上司でも、部下からは嫌われる？

中間管理職が陥りやすい病気に「サンドイッチ症候群」がある。上司と部下の板ばさみ（サンドイッチ）になって悩み、憂鬱になったり、ひどいときには出社拒否やうつ病になる人が少なくないのだ。勤勉で、上司と部下の間をなんとか取りもとうと努力する真面目なタイプほど、この症候群に陥りやすい。

そういう人は、一生懸命やっているのに、部下からは「上には何も言えないし、無能な上司だよな」などと言われ、アフターファイブの居酒屋で陰口の標的になっていることが多い。

気の毒な話というほかはないが、組織上、仕方がないことともいえる。中間管理職は、有能だろうが人柄がよかろうが、部下からはけっして好かれない宿命にあるのだ。

会社組織では、基本的に上から下へ命令することによって仕事を進めていく。上司が部下に指示を出し、部下はそれに従って行動するのが当然で、その命令系統を守らなければ、会社組織はうまく機能しなくなってしまう。

しかし、人間には本来、「自分のことは自分で決めたい、自由に行動したい」という「自律欲求」があり、誰かに服従することを嫌う。その点、会社の上司は、毎日「ああしろ、こうしろ」「それをしてはダメだ」と、部下の自律欲求を妨げる立場にあるわけだ。

むろん、部下のほうも、「組織で上司の言うことに従うのは当然」と頭では理解している。しかし、心の中には不満がくすぶり「ムカつく」という感情が蓄積していくのだ。

いつも上司の悪口を言う部下の深層心理

同僚と飲みに行くと、上司の悪口を口にする人がいるものだが、そういうタイプは、単に上司が嫌いというだけではなく、より鬱屈した思いを抱えていることが多い。その多くは、自分の社内での境遇に対する不満である。

そもそも、自分の境遇に不満のない人は、他人の悪口を言ったりしない。そして、たいていの人は、悪口はよくないことと考えているのに、それでも悪口を言ってしまうのは、不満が鬱積していることが原因というケースが多いのだ。とくに、社内での自分の立場に不満があると、それが上司への悪口という形で噴出してくるのである。

また、自分はもっと評価されるべきだとか、自分の能力が生かされていないといった不満は、他人には話しにくい。負け惜しみにとられたり、自分の弱みを見せることになるからである。そこで、不満をストレートに口にする代わりに、上司の悪口という形で吐きだす。

その奥には、上司の立場を貶めることによって、自分の存在価値を押し上げようとする心理が働いている。

上司への悪口が多くなるのは、必ずしも上司が嫌いだからではない。現実に、社内で評価されたり、大事な仕事をまかされると、上司への悪口がピタリと止まるものだ。

自分の誤りをあっさり認める人は、意外にくせ者

「○○さん。ここの数字、今回も間違っていましたよ。ちゃんと確認してくれたんですか？」などとミスを指摘されたとき、「あ、またやっちゃいました。いや、ホントに申し訳ありません」と、自分の額を叩きながら笑顔で謝るようなタイプは、愛嬌があって憎めないものだ。

一般的にいっても、自分の誤りをすぐ認める人は、素直で表裏もない人と見られていることだろう。

しかし、自分の非をあっさり認めるからといって、その人がかならず「素直」で「裏のない性格」かといえば、そうとは限らない。

たとえば、上司に叱られると、すぐに「申し訳ありませんでしたっ！」と深々と頭を下げる若手社員が、何度指摘しても同じミスを繰り返すようであれば、本心から反省しているとは、とうてい思えない。

そういう人の場合、自分からすすんで非を認めることによって、上司との間に生じる軋轢《あつれき》を避けようとしているだけであり、腹の中では、「とりあえず謝っておけばOK。上司なんてチョロいものさ」と舌を出しているかもしれないのだ。

というわけで、あまりにあっさり誤りを認める人は、じつは信念を曲げない頑固者だったり、計算高い性格の持ち主であったり、なかなかのくせ者であることが少なくないのだ。「申し訳ない」という謝罪が本心かどうかをはかるには、その人物の行動をじっくり観察することが必要だ。

意見に反対されたときの態度に性格が出るのは?

会議などで、自分の意見に「反対」されたとき、どういう態度をとるかには、性格がはっきり表れる。

たとえば、反対されると、あっさり反対意見に従う人は、何ごとに対しても逆らうことはなく、協調性があるとはいえる。他人との間に壁をつくらず、周囲とうまくやっていける人だ。ただし、自分の考えに乏しく、面白みには欠けるので、周囲からは頼りない人と思われていることだろう。

次に、相手の反論を聞いたうえで、自分の意見を述べるタイプには、頭の回転が速く、てきぱきと仕事のできる人が多い。

リーダーの資質も持っているが、周囲の人間をバカにしたり、人の失敗を必要以上に責めたりして、和を乱すこともある。

一方、反対する相手の誤りを指摘して、自分の意見を再度主張するタイプには、プライドの高い自信家が多い。好き嫌いが激しく、自分の思い通りにならないと気がすまない。そのため、独善的になりやすく、チームから孤立しやすいのも、このタイプだ。

反対されても何も言わなかったり、嫌々ながら同調するタイプには、責任回避型が多い。

腹の中では何を考えているかわからないが、自分の意見を通すよりも、他人と争いになったり、自分が矢面になることを避けたいという思いが強い。突然、会社を辞めたり、転職していく人は、このタイプに多い。

口には出さなくても、賛成か反対か行動でわかる！

会議で意見を言うとき、周りの人の態度や雰囲気から、だれが賛成してくれていて、だれが反対しているかは、なんとなくわかるもの。そうした判断基準は、だれもが、これまでの経験から身につけているものだが、それを改めてまとめてみると、次のようになる。

まず、あなたが話し始めたとき、パッと顔をあげたり、発言の途中で顔をあげて視線を向けてくるのは、好意的なシグナル。また、あなたのほうに体を向けるのも、意見に好感をもってくれているサインである。よほどのことがない限り、賛成してくれることだろう。

相手が、こちらの発言に合わせてうなずくときも、むろん賛成してくれる確率が高いといえる。うなずいているというのは、発言の中身に納得しながら聞いてくれている証拠であり、「総論賛成、各論反対」とならない限り、賛成に回ってくれるはずだ。

逆に、発言しているあなたのほうを見なかったり、あえて目をそらすのは、反対の意思表示。また、体を向けようとしない人も、好意をもってくれているとは考えにくく、採決のとき、「賛成！」と言ってくれる可能性はきわめて低い。

また、腕組みは、通常は拒絶のサイン。ただし、黙考しながら話を聞くとき、腕組みするのが癖になっている人もいるので、そういう人は黙考の結果、賛成してくれる可能性がないわけではない。

ライバルを見つけると断然やる気になる心のカラクリ

マラソンでは、途中から独走状態になると、力のある選手でも、意外に記録が伸びなかったり、ペースが急激に落ちることがある。好記録が出るのは、独走するよりも、二、三人で競ったレースであることが多い。

また、途中でペースが落ちていても、後ろから選手が迫ってきたり、前を行く選手が見えてくると、急にペースが速まることがある。

心理学では、こうした現象を「社会的促進」と呼ぶ。簡単にいえば、ライバルがいると、やる気が出てくることだが、この現象に初めて気づいたのは、十九世紀後半のトリプレットというアメリカの心理学者だった。

彼は、当時のアメリカの競輪選手に注目し、選手が一人でタイムに挑戦するときよりも、誰かと対戦したときのほうが、好タイムが出ることを発見する。また、被験者に釣竿のリールで釣糸を巻き取る実験を行わせたところ、一人でするよりも、集団で競わせるほうが、はるかに速くなることがわかったのである。

そして、トリプレットは、他人の存在が刺激となってやる気が起き、作業効果があがることを「ダイナモジェニシス（動力発電）の理論」と名づけた。

なお、マラソンでも世界的なトップランナーは、独走状態になってもペースが落ちることはない。これは、自己記録やあらかじめ想定したタイムを〝ライバル視〟しながら走れるからだろう。

仕事でも勉強でも、できる人ほど、特定のライバルがいなくても、自分の設定した目標を意識しながら、やる気を引き出せるものである。

最後の一押しで相手の心を揺さぶるワザ

洋服を買おうと、ブティックへ行ったとする。いくつかの洋服を見て、気に入ったものがあった。そんなとき、次の二つのうち、どちらの店員の言い方に心を動かされるだろうか。

①「流行のデザインで、色もきれいです。サイズもちょうどいいと思いますよ」
②「流行のデザインで、色もきれいです。サイズもちょうどいいと思いますよ。どうですか、お決めになってはいかがですか？」

①と②の違いは、最後のフレーズだけである。①は、デザインと色をほめ、サイズの確認を加えて、あくまでソフトに勧めようとしている。一方、②は「お決めになってはいかがですか？」と積極的に勧めている。

①の方法は、心理学では「暗示的説得」と呼ばれ、結論を言わずに相手を説得しようとする方法である。

②は「明示的説得」と呼ばれ、勧める理由を述べたあと、結論まで伝える積極的な説得の方法である。どちらが有効なのだろうか。

アメリカで、次のような心理実験が行われた。

被験者の学生たちに「金利を下げるべきだ」と主張する文章を読ませるのだが、その際、二種類の文章が用意された。

一つの文章には、金利を下げることのメリットが列挙され、もう一つには、同じ文章の最後に「だから、金利を下げるべきだ」という一文が付け加えられていた。

すると、最後に結論を加えた文章を読んだ学生グループのほうが、二倍以上も賛成者が多くなったという。

世の中には、人を説得するとき、結論を言わずに、長々とメリットだけを説明する人がいるもので、そういう人は、なぜ、それがよいかという理由を伝えることが大事だと思っているのだろう。しかし、実験結果でも明らかなように、そうした説得法は効果が低くなる。

理由も大切だが、相手が長い話に飽きる前に、しっかり結論を明示したほうが、人を説得できる確率は高くなるのだ。

相手の判断力を奪う説得法「誤前提提示」って何？

両親から、何度「結婚しろ」と言われても、なかなか結婚しなかった三〇代の男性が、親戚のおじさんが乗り出してきた数カ月後に婚約した。親戚の間では、そのおじさんはどんな手を使ったのか、と不思議がられたが、おじさんによれば「恋愛と見合い、どっちがいいんだ？」と尋ねただけだったという。

すると、「恋愛は面倒だから、見合いでいいや」と男性が答えたので、おじさんはさっそく自分の会社の女性を紹介。三人で食事をしたところ、話がトントン拍子に進み、めでたく婚約となったという。愛のキューピッド役となったおじさんは、「縁だよ、縁」というだけだが、じつは、おじさんの最初の質問が大きなポイントとなっている。「恋愛と見合い、どっちがいいんだ？」と尋ねたことが、心理学でいうところの「誤前提提示」という効果を生んでいたのである。

その男性は、結婚を拒否していたわけではない。結婚する意思はあるものの、女性とめぐり合う機会が少なく、たまに、身近にいいなと思う人がいても、デートに誘うチャンスがなかった。誰とつきあうでもなく、歳月だけが過ぎていた。

そんなとき、両親のように「誰か、いい人はいないの?」とか、「結婚する気があるのか、ないのか?」などと尋ねられても、返答に困ってしまう。ところが、おじさんは、いきなり恋愛か見合いかと尋ねた。この質問によって、男性には、結婚するかどうかの大前提が、すでに決定ずみという錯覚が生まれた。そして、次の段階の質問に答えざるをえなくなり、見合いを選択したのである。

このような心理メカニズムは「誤前提提示」と呼ばれている。たとえば、二人で巨人対阪神戦を見ていて、阪神が二回に三点を取ったとする。八回になったとき、相手に「阪神が三点を取ったのは三回か、四回か?」と尋ねる。すると、二回とわかっていても、思わず「三回」などと答えてしまう人がいるのだ。選択範囲を狭められると、それが誤っていても、選ばざるをえないという心理が働くためである。

この心理メカニズムは、ビジネスにおいても、多くの場面で応用されている。たとえば、クルマの購入を迷っている人に、車種を挙げて「セダンとワゴンでは、どちらがいいですか?」と尋ねれば、客はクルマの購入は決定ずみという「誤前提」に惑わされて、どちらかを選択してしまう。それをきっかけに交渉がスムーズにはじまるという具合だ。

他人の意見を聞かない人の心はどうなっている？

営業職の場合、客の説得にかなりの時間を費やしても、結局、断られてしまうことがある。だから、営業や交渉の無駄をなくすには、まず相手に脈があるかどうかを見分けることが重要となる。その場合、目安となるのが、「受容域」と「拒否域」という考え方である。

たとえば、A社の製品を使っている会社に、B社の製品を売り込もうとしたとき、相手の態度は、①「他社製品でもよい」、②「どこの製品でもよい」、③「A社でなければダメ」の三タイプに分かれる。心理学では、それぞれ、①を「受容域」、②を「無関心域」、③を「拒否域」と呼ぶ。相手を説得するときには、相手がどの領域に含まれるかを察知することが重要になる。

そのため、A社の製品を使っている会社に、A社の製品の感想ばかりを聞くのでなく、B社やC社、D社の製品についても聞いてみる。その反応で、相手が説得可能な①「受容域」または②「無関心域」にいるか、説得がきわめて難しい③「拒否域」にいるかがわかる。

もし、相手が「拒否域」にいるとわかれば、いくらセールストークを繰り出しても、骨折り損のくたびれ儲けとなる確率が高い。効率的に相手を説得するためには、「受容域」か「無関心域」にいる人を重点的に攻めることである。

ちなみに、「受容域」や「無関心域」にいる人も、時間とともに「拒否域」に入る可能性がある。営業や交渉は「熱いうちに打て」と言われるのには、そういう事情もある。

自然に相手を誘導できる「脅し」の心理効果

アメリカで、高校生の四グループに対して、健康な歯を守るため、歯を磨いたり、よい歯ブラシを使うことを勧めるという心理実験が行われたことがある。

まず、Aグループには、歯磨きや歯茎の手入れを怠ると、虫歯になったり、歯に穴があく恐れのあることを説明。虫歯のレントゲン写真を見せながら、口腔衛生に気をつけようと話した。つまり、「弱い脅し」を加えながら説明したのである。

次に、Bグループには、歯磨きや歯茎の手入れを怠ると、虫歯になったり、歯に穴があくと同時に、口の中がただれたり、歯茎の炎症になることを説明。さほどひどくない口腔疾患の写真を見せながら、手入れを怠ると、こうなることがあると話した。「中程度の脅し」による説明である。

さらに、Cグループには、歯磨きや歯茎の手入れを怠ると、ひどい歯や歯茎の病気におびやかされ、抜歯など苦痛を伴う治療をしなければならないと説明。ひどい虫歯や口内のただれ、歯茎の炎症などの生々しいスライドを何枚も見せながら、あなたもこうなる可能性があると訴えた。「強い脅し」による説明である。

そして、Dグループに対しては、脅しなしに淡々と説明された。

こうした話を聞いた直後と一週間後、高校生たちが口腔衛生についてどの程度注意を払っているか、さらにどれぐらい実行しているかの調査が行われた。

すると、話をした直後の調査では、「強い脅し」の話を聞いたCグループが、もっとも高い関心を示した。ところが、その一週間後には、「強い脅し」のCグループは実行率が低かったのに対して、「弱い脅し」のAグループがもっとも実行率が高いことがわかった。

この調査結果からわかるのは、「強い脅し」はその直後に心理的な緊張を引き起こすことはできるが、相手を説得する効果は低いこと。一方、「弱い脅し」にもっとも高い説得効果があることである。

たしかに、強い脅しによって説得されると、反発心が高まって、その説得に従おうという素直な気持ちにはなれないものだ。人間はソフトに脅されたほうが、受け入れやすいのである。

「一度断らせると説得しやすくなる」というのは本当?

教育熱心な母親が、子どもに「今日は算数の勉強を二時間しよう」と話すと、その子は「えー、いやだぁ」と首を振った。そこで、「じゃあ、一時間にしようか」というと、子どもは少し間を置いてから「うん、いいよ」と答えた。

じつは、この親子の会話には説得法の一つが使われている。いったん過大な要求をして断らせておくと、次の要求を相手にのませやすくなるのである。相手の良心の痛みや同情心を利用した説得テクニックである。

アメリカで、次のような実験が行われた。道を歩いている人に献血を依頼したのだが、その場合、いきなり「すみません、献血をお願いできますか？」とお願いすると、献血に応じてくれる確率は一六・七％だった。およそ六人に一人の割合である。

次に、道行く人に対して、「今後、二年間にわたって、二カ月に一度献血してください」とお願いした。すると、全員が断ったが、そのあと「では、今回、一度だけ献血をお願いできますか？」と聞くと、二人に一人が献血をＯＫしたという。

献血のような社会貢献行為の場合、要請を断ると、多少なりとも良心の痛みを感じるものである。そのタイミングで低いレベルの要求をすると、相手は「それならいいか」と応じやすくなるのだ。

また、相手が譲歩すれば、こちらも譲歩しなければという感覚が働く。これを心理学では「譲歩の互恵性《ごけいせい》」と呼び、片方が譲歩すれば、もう一方も譲歩し、妥協が成立しやすくなるのである。

そこで、ビジネスでの金銭面の交渉では、最初は相手がとてものみそうにない要求をするテクニックがある。そうして、相手にいったん断らせてから、二度目に妥当な線に近い要求をすれば、相手は意外にすんなり妥協する可能性が高いのである。

その気にさせて難題を押しつける禁断のテクニック

古典的なセールステクニックに「ローボール（低い球）説得法」という手法がある。

たとえば、お客が提示額にウンと言わないとき、セールスマンは、「あなたには負けた」という態度でお客の言い値をのむ。すると、お客は喜び、交渉成立となる。

しかし、その後、セールスマンは、「上司と連絡をとったところ、その値段ではダメだと言うんです」とその値段を撤回する。すると、商品を手にして喜んでいたお客は、最初の提示額で買うことに応じるというものである。

この説得術のポイントは、いったん相手の意表をつくような好条件を持ち出し、相手をその気にさせることにある。すると、あとからその好条件をくつがえしても、相手はなかなか拒否できなくなるのだ。

「ローボール」とネーミングされたのは、好条件（値段の低さなど）につられて、いったんOKすると、次に高い球が来てもつられてしまうということからだ。

もっとも、これはとくにアメリカで有効な心理手法で、信用を重要視する日本では、そんな営業をすれば、お客から「だまされた」と怒られたり、交渉を中止されてしまう可能性も高い。

ただ、多少バリエーションをつければ、この説得法はさまざまな場面で使うことができる。

たとえば、インターネットのサイトには、海外旅行や自動車の当たる懸賞を行っているところがある。「応募しよう」と思って手続きを始めると、応募の条件として、そのサイトの会員登録が必要だったりする。「えっ⁉」と思っても、すでに手続きを始めているし、海外旅行が当たったときのイメージも頭に浮かんでいる。そのまま会員登録をして応募すれば、ローボール説得法によって説得されたということになる。

「正しい忠告なら受け入れられる」と思ってはいけない

ある男性が、長らく乗ったクルマの調子がよくないので、買い替えようと思うようになった。休日のたびに、各メーカーの販売店を回って話を聞いたり、試乗したりして、購入するクルマを選んでいた。

ある日、半年ぶりに、古くからの友人と話すと、友人はそのクルマを見て、「まだこのクルマに乗ってるのか。早く売ればいいのに」と言った。その言葉にムッとした男性は、クルマの販売店めぐりをやめ、クルマの購入を中止した。そして、今も、以前の古いクルマに乗り続けている。

この男性のように、人からの忠告にムッとして、あまのじゃくな行動をとってしまうことがある。たとえば、食後の一服を楽しんでいるとき、友人から「まだタバコを吸っているのか。早く禁煙しろよ」と言われ、「意地でも禁煙なんかするものか」と思った愛煙家もいることだろう。

このような心理作用を心理学者のブレームは、「心理的リアクタンス」と呼んだ。リアクタンスとは「抵抗」という意味である。

ブレームによれば、人間は、基本的に、自分の好きなときに好きなことができると思っているため、何らかの原因によって、自由を制限されると、心理的な抵抗を感じるという。

しかも、その抵抗の大きさは、クルマの購入を自分で決めるときなど、自分で決められる自由が確保されている場合ほど、また、その自由な行為を本人が楽しんでいるときほど、大きくなるという。

ということは、人を説得するとき、相手のリアクタンスを招くような方法で説得すると、それだけ失敗する確率が高まるということである。逆にいえば、説得する相手に選択の自由を残しながら説得すれば、成功確率が高まるといえる。

会議で自分の意見を通すのに欠かせない「下準備」とは?

ここいちばんのプレゼンテーションを行うときには、前もって、自分のプランを通すための準備が必要となる。いくらすばらしいアイデアでも、ライバルに反論されて、プランをつぶされることもありうる。

そこで、自分の企画を確実に通したいときに、威力を発揮するのが「バンドワゴン効果」である。

「バンドワゴン」とは、パレードなどに繰り出す楽隊車のこと。笛や太鼓の演奏とともに、バンドワゴンが近づいてくると、お祭り気分が一気に盛り上がるものだ。

会議でも、このバンドワゴンのように、プレゼンテーション後、「賛成!」「名案だ!」と盛り上げてくれる人を用意しておくと、室内の空気を一気に賛同へと持ち込みやすい。

そのためには、会議の前から準備を始めなければならない。

たとえば、親しい同僚や部下らを酒の席に誘うなどして、プレゼンテーションしようとするアイデアを打ち明け、協力を依頼する。そうして、バンドワゴン役として、雰囲気を盛り上げてくれる人をあらかじめ確保しておくのである。

むろん、賛同者は多いほど有利だし、周囲から一目置かれている人や、ムードメーカー的存在の人物に頼むほど効果は大きくなる。

反対に、ライバルの企画をつぶしたいときにも、このバンドワゴン効果を利用できる。企画が提案されたら、すかさず反対意見や疑問を並べ立て、反対のムードを高めていく。とくに、日本人の場合、提案者でなければ、少数派となってもその企画への賛成を貫くという人は少ないので、意見をつぶすときにも大きな効果を発揮する。

会議で決めると極端な結論が出やすいのはなぜ？

「三人寄れば文殊の知恵」ということわざもあるように、一般的には、一人で考えるよりも、集団で考えるほうが、いい知恵が出ると考えられている。実際、メンバーの知恵を集めることで、正しく偏りのない決定ができると思っている人は多いだろう。

ところが、そんな常識に疑問を持ったのが、ストーナーという心理学者である。彼は、調査・研究の結果、一人による決定よりも、集団討議による決定のほうが、冒険的な性格を帯び、危険な決定になる傾向があると指摘したのだ。ストーナーは、この現象を「リスキー・シフト（危険な意志転向）」と呼んだ。

現実に、第二次世界大戦中には、ドイツや日本などの政権・軍部中枢の会議によって、大量虐殺や神風特攻隊など、通常では考えられないような決定が下されている。

ただ、その後の研究で、集団討論は、単により危険な決定を招くだけではなく、より安全な決定になることも明らかにされている。たとえば、現在の政治では、閣僚が集って会議を行っても、凡庸であいまいな結論しか導き出せないことが目立つ。

こうした事例から、現在では、集団討論によって、より安全な決定になることも含めて、決定がより極端なほうへ移動する傾向があると理解されている。このような現象を「集団極性化」と呼ぶ。

集団極性化が起きる理由は、おもに責任拡散と強すぎるリーダーシップにあると考えられている。まず、責任がメンバー間に拡散され、個人的に責任を負う必要がなくなると、極端な結論となりそうでも歯止めがきかなくなる。また、リーダーの資質を備えた人には、冒険的な選択をする人が少なくない。そのため、会議全体がリーダーの冒険的な意見に導かれ、極端な結論が出やすくなるのである。

ガンコな人にイエスと言わせるにはどうすればいい？

どこの会社にも、誰が何と言おうと、自分の意見は曲げないガンコ者がいるものだ。無理に説得しようとすると、口を閉じて黙り込み、何も答えなくなってしまう。そんなガンコ者を一人で説得するのは難しい。数人がかりで説得したほうが説得できる確率は高くなる。

サッカーの国際試合を思い出してほしい。日本代表の選手たちでは、メッシら超一流プレイヤーを一人で止めるのは難しい。だから、二、三人で囲んで、突破を阻止する戦術をとっている。一人での対応が難しければ、複数で対応するのは、サッカーでもガンコ者の説得でも同じことだ。

一人ずつは弱々しい不安定な力でも、複数がまとまれば大きなパワーとなる。心理学では、みんなと同じ行動をしたくなる心理を「同調心理」と呼ぶが、ガンコ者に対しても集団で圧力をかければ、「同調心理」が生じやすいというわけである。

では、この同調心理をより効果的に利用するため、ポイントとなるのは、人の数だろうか、それとも全員一致だろうか。

もちろん全員一致である。

いくら反対の声が大きくても、一人でも自分に賛成する者がいれば、多数派に同調しようとする心理は弱まってしまう。ガンコ者を説得するには、人数が少なくても一致団結することが重要である。

また、その集団が同一種類の一つのグループであるより、たとえば、営業課、人事課、男女社員というように、異なった種類の人々であるほうが、より大きなプレッシャーをかけることができる。

「少数意見」なのに多数派に影響を与えてしまう三つの条件

一九七〇年代まで、嫌煙派の声はまだ弱々しく、愛煙家は駅の待合室やレストラン、オフィスなど、ほとんどの場所で堂々とタバコを吸っていた。ところが、それから四〇年以上が経ち、今では公共の場どころか、家庭でもタバコを吸っていると、白い目で見られるようになった。

嫌煙派というかつての少数派は、今では完全な多数派となっている。この例でもわかるように、少数派は必ずしも無力ではない。タバコの場合は数十年の歳月がかかったが、会社や部課などの小さな集団では、短期間で少数意見が力を持つことも可能だ。社会心理学の研究では、少数派の意見は、次に紹介する三つの条件を満たしたとき、多数派に大きな影響を与えることができると考えられている。

その条件とは、前項と同様、まずは少数派全員の意見が一致していることである。少数派なのに意見が分裂していれば、影響力はいよいよ弱くなるし、多数派から軽く見られてしまう。

二つ目の条件は、少数派はガンコで独断的と思われるのを避けること。一般に、少数派には、人の意見を聞かず、自分だけが正しいと思っているというイメージがある。しかし、本当にそう思われたら、それ以降、多数派は聞く耳を持たなくなってしまう。

三つ目の条件は、科学的なデータを示すことである。嫌煙派が大きく台頭したのも、受動喫煙が健康を害する恐れがあることが医学的に証明されたあとのことだった。少数意見を通すためには、数字やデータによって、明確な根拠を示すことが必要というわけだ。

ガミガミ言うと反発する不思議な心のメカニズム

「部屋が散らかり放題だから、今日あたり、掃除しないとなあ」――そう思いながら帰宅して、「まずは腹ごしらえ」と思いながらオヤツを食べていると、母親が現れ、「あなた、あの部屋は何なの！　今日は掃除しなさいよっ」と言い始める。

「今、やろうと思ったのに」

「ウソ、おっしゃい」

「本当だよ。今、やろうと思ってたんだよ」

「だったら、早くしなさいよ」

「お母さんが、そんなふうに言うから、やる気がなくなったよ」

部屋の掃除にしろ、勉強にしろ、お手伝いにしろ、子どものころ、母親とこのような会話を交わした人は少なくないだろう。

子どもは、最初は、帰ったら掃除をしようと思っていた。母親の対応しだいでは、そのまま掃除をしていたはずである。ところが、母親のひと言が子どもを反発させ、やる気まで奪ってしまった。心理学では、こうした現象を「割引原理」と呼ぶ。

人間は、自分の行動を自分でコントロールしたいと思うため、外部からの力で制御されていると感じると、たとえ自分の意志でやり始めたことでも、他人から命令されていると感じる。

そして、外部からの命令と感じた分だけ、自分の意志による決定を〝割り引こう〟としてしまう。

だから、子どもは、「今、やろうと思ったのに、そんなふうに言われたら、やる気がなくなったよ」と反発するのである。反発するのは、掃除や勉強が「したくなかった」からではなく、むしろ、「しようと思っていた」からなのである。

親や上司が、子どもや部下の意志を察しないままガミガミ言うと、逆に彼らのやる気を失わせるだけである。

やる気を引き出すには「ピグマリオン効果」を狙え！

アメリカの小学校を舞台に、大がかりな実験が行われた。

〝心理学者たちは、サンフランシスコの小学校で、「学習能力予測テスト」と称するテストを行った。担任の先生には、そのテストによって、近い将来、急速に知的能力が伸びる児童を予測できると説明し、試験後、〝心理学者たちは、その答案を持ち帰り、結果は後日伝えると約束した。

その四カ月後、小学校ではクラス替えがあり、担任の先生も新しくなった。そこへ心理学者たちは再訪し、予測テストの結果のよかった児童の名前を新しい担任に知らせた。そして、「この児童たちは、予測テストの結果がひじょうによかったので、知的能力が急速に伸びると予想されます」と伝える一方、該当児童の名前を公表することは、教育上問題があるので、児童にもその親にも秘密にするように依頼した。

これによって、新しい担任が、その児童に何かを伝えたり、特別なことをすることはなかった。ただ、教師が内心、その子に期待を持つようになっただけである。

そのまた八カ月後、心理学者たちは学校を訪れ、同じ児童を対象に知能テストを行った。じつは、今回も前回も「学習能力予測テスト」というのはウソで、心理学者たちは、一年間で児童たちの成績がどう変わるかを調べたかったのである。

その結果、急速に伸びるとされた児童は、そう言われなかった児童よりも、テストの結果が上がっていた。じつは、急速に伸びるとされた児童は、無作為に選ばれた児童であり、一回目のテストで成績のよかった児童ばかりでもなかった。つまり、一回目のテストで成績が悪くても、先生が内心「この子は伸びる」と思っているだけで、成績は著しくアップしていたのだ。

心理学では、こうした効果を「ピグマリオン効果」と呼ぶ。先生たちは、成績が伸びると言われた子に対して、口には出さなくても、何かにつけて期待をかける。それが態度や言葉、表情などに表れると、子どもたちは敏感にそれをキャッチする。そして、その期待に答えようと、やる気を出し、努力するようになる。こうして、実際に成績が上がるというわけである。

会社でも、口には出さなくても、上司が部下の可能性を信じて接すれば、部下が立派に成長する可能性は高くなるだろう。

みんなで作業するとかえって仕事がはかどらなくなるワケ

リーダーにとって、もっとも難しい仕事は、メンバー一人一人に能力を発揮させることである。うまく雰囲気づくりをしたつもりでも、メンバー全員の総力を結集させることは難しい。集団の中では、必ずといっていいほど、手抜きをする者が現れるからである。

心理学者のラタネらは、男子学生たちに手を叩かせ、できる限り大きな音を出すように求めた実験を行った。被験者は、一人、二人、四人、六人からなる集団で、目隠しをして、消音のために各自ヘッドホーンをつけて参加してもらった。

すると、出された音の大きさは、集団が大きくなるほど相対的に小さくなった。これは、集団が大きくなるほど、手抜きをする者が増えることを示している。

一人で、その課題に対応するときには、ほかに人がいないので、手抜きをすることはできない。ところが、集団になると、一人で対応するときほどの緊張感がなくなり、責任感は薄くなる。その結果、本人は一生懸命やっているつもりでも、どこか手抜きをしてしまうのだ。

こうした手抜きは「社会的手抜き」と呼ばれる。個々の能力は高いメンバーを集めても、期待したような結果が出ないときには、メンバーが知らず知らずのうちに手抜きをしている可能性が高い。

会社では、大きな部課ほど、こうした社会的手抜きが広がることが多い。それを防ぐには、集団をできるだけ小さく区切り、個人の責任をはっきりさせることが必要になる。また、メンバー各自の成績や努力の程度を簡単に確認できるようにして、自分自身の貢献度を評価する機会を与えるなどの対策がある。

侮ってはいけない「接待」の心理効果

昔ほどではなくなったが、今でも企業の活動にはいわゆる〝接待〟が行われている。

欧米では、日本流の接待は行われないが、昼食をとりながら商談するなど、広い意味での接待は行われている。洋の東西を問わず、そうした接待には一定の効果があることは、心理学的にも証明されている。

アメリカの心理学者ジャニスは、次のような実験を行った。「ガンの治療は何年後に可能になるか」「アメリカの軍隊の規模はどの程度が妥当か」「月旅行はいつ可能になるか」「立体映画が実現するのはいつか」という四つのテーマについて、AとBの学生グループに、それぞれ同じ文章を読んでもらった。その際、Aグループにはコーラとピーナッツを与え、Bグループには何も与えなかった。

また、学生たちは、それぞれについて、自分なりの意見を持っていたが、与えられた文章は、自分の意見とは違うものだった。そして、文章を読んだあと、彼らの意見がどう変わったかが調べられた。それによると、いずれのテーマについても、コーラを飲み、ピーナッツを食べながら、文章を読んだ学生のほうが、与えられた文章に説得されたものが多く、約二〇％もの差がついた。

その理由について、ジャニスは、「フィーリング・グッド」を挙げている。つまり、「快感」である。食べることは快感であり、そういう快感に身をおくと、人は自分とは異なる意見を読まされても、その不快感が薄まり、説得されやすいというわけである。また、ジャニスは、食べることに意識が分散し、頭の中で反論が組み立てにくいという効果があることも指摘した。

そういえば、企業の接待では、まず雑談をしながら酒と料理で食欲を満たしたあとで、核心の話題を持ち出すものだ。

「経費と時間の無駄」といわれながらも、一定の効果があがることが、接待がなくならない理由といえそうだ。

失敗しても評価を上げる「謝り上手」の心理テクニック

企業の不祥事が発覚したときは、ただちに謝罪会見を開き、下手に弁解せず、ひたすら頭を下げたほうが、世間の批判の声は弱まるものだ。

この傾向は、心理実験でも証明されていて、「謝罪をすると、評価が高まる」という結果が出ている。ここでは、社会心理学者の大渕憲一教授が行った実験を紹介してみよう。

被験者は、まず四つのグループに分けられ、実験者からそれぞれ課題を与えられる。被験者は、実験者のアシスタントの指示に従って作業を進めるのだが、アシスタントがミスをしたため、どのグループもよい成績を取れずに終わる。

当然、被験者の間には不満が高まるのだが、そこでアシスタントは四通りの行動をとる。第一グループのアシスタントは、実験者と被験者の前で「自分がミスをしました。すみません」と謝罪をする。第二グループのアシスタントは、被験者の前でだけ、「自分がミスをしました。すみません」と謝罪をする。第三グループでは、実験者がアシスタントのミスを発見するが、アシスタントは謝らない。第四グループでは、実験者がミスを発見することはなく、アシスタントも謝罪をしない。

ここで、実験者は、被験者に対して、アシスタントの技能についての評価を求める。むろん、アシスタントのミスははじめから仕組まれたもので、この実験の主眼は、アシスタントの「その後の対応」が「技能の評価」にどう影響するかを見定めることにあった。

結果は、第一グループと第二グループのアシスタントは、被験者から高い評価を得た。要するに、被験者はアシスタントの「技能」の評価を求められたにもかかわらず、「謝罪をした」という事実を高く評価したのだ。

もっとも、現実では、人に頭を下げるのはなかなか難しいもので、内心では自分の落ち度を認めていても、「ここで頭を下げると、評価が下がる」などと謝罪を避ける人が多いものだ。

しかし、この実験からも明らかなように、謝罪には、相手の怒りを収めるだけでなく、自分の評価を高める効果もあるというわけだ。

ストレスを味方につけるとっておきの「やり方」

ストレスをまったく感じずに生活できるとしたら、人間は、仕事や勉強ですばらしい成果をあげることができるのだろうか。

アメリカの心理学者のヤーキーズとドットソンは、ハツカネズミを用いて次のような実験を行った。

白い箱と黒い箱を用意し、ハツカネズミが白い箱に入れば、巣に帰ることができるが、黒い箱に入ると、電気ショックを与えられるという仕掛けをつくった。それから、白い箱と黒い箱の明るさに大きな差をつけて選択を容易にした実験Aと、明るさの差を小さくして、選択を難しくした実験B、さらに選択の難しさが中間ぐらいの実験Cと、三つの実験を行った。

そして、それぞれの実験で、黒い箱に入った場合の電気ショックの強さをしだいに高め、ストレスが高くなるにつれ、学習効果がどのように変化するかを調べた。

すると、課題の内容がやさしい実験Ａでは、ストレスの程度が高くなるにつれて、学習が促進された。つまり、大きなストレスがプラスの影響をもたらし、学習効果があがったのだ。

ところが、課題が難しい実験Ｂや、難しさが中間の実験Ｃでは、ストレスの程度をあげていくと、当初は学習効果があがるものの、ある時点を境に学習効果は下がっていった。

この実験から、ストレスは人間にとってマイナス作用を及ぼすだけではないことがわかる。

まず、簡単な作業を行う場合には、少し強めのストレスがあったほうが、かえってはかどり、難しい仕事や勉強を行う場合でも、軽程度のストレスがかかるほうが課題の遂行にとっては好ましいことを示している。

こうしたストレスと学習効果の関係は、「ヤーキーズ・ドットソンの法則」と呼ばれ、たとえば、仕事や勉強の成果に対して罰を設けるときなどに応用されている。

Chapter 4

相手の「ことば」の裏にある、意外な本音の読み方

人の話に「えっ！」と聞き返すのは〝人間不信〟の証拠

人の話を聞いていて、耳を疑うようなことを言われると、だれでも「えっ！」と聞き返すものだ。でも、それほど驚くような発言ではないのに、「えっ！」と強い調子で聞き返す人がいる。ささいなことに対しても、まるで驚いたかのように「えっ！」と反応する人である。

そういう人は、自己防衛本能が相当強い人とみていい。そのタイプの「えっ！」の後には、「何ですか？」という言葉が省略されている。むろん、その「えっ、何ですか？」は、「困ったなあ」や「嫌だなあ」という気持ちの表れである。

彼らのようなタイプには、過去に人間関係で嫌な思い出があって、人間不信に陥っている人が多い。ささいなことであっても、自分を守るという気持ちが先に立つので、反射的に「嫌だな」と感じることが多くなるのだ。

だから、相手がそうしたタイプであると気づいたら、言葉によって相手を傷つけないように、ふだん以上に気を配ること。相手は人間不信の傾向があるので、ちょっとしたことで傷つくし、言葉で傷つけるとその後の対応が面倒になることが多い。

「あの人」「あの件」…代名詞を使いたがる心理とは？

会話のなかで、相手が「あの一件では、お世話になりました」と言うとき、聞いている方は、多くの場合、「あの一件」が何を指すのか、わかっているものだ。また、相手が「あれも、今年大学に入りました」といえば、聞いている方は、「あれ」が娘さんのことであるなど、誰を指すかわかっているはずである。

そうした場合、話し手が、あえて「先月のクレーム処理」とか、「娘」などと言わず、「あの」や「あれ」といった代名詞に置き換えて話すのは、話し手がその事柄について、何らかの心理的な抵抗感を覚えていることが原因になっているケースが多い。

「あいつは、どこへ異動になったの？」といえば、話し手が「あいつ」に対して嫌悪感をもっていることがうかがえるし、「あそこ（の店）へ行くの？」といえば、その店に対して好印象はもっていないと想像がつくだろう。このように、「代名詞」からは、相手の好悪の感情を読みとることができるのだ。

また、こうした表現は、一見、まわりくどいように思えるが、当人たちのコミュニケーションにとっては欠かせない手続きともいえる。話し手も聞き手も、互いに直接的に表現しないことで、無用のマイナス感情を表すことなく、話を滞りなく、進めていくことができるのだ。

だから、相手が「あの一件」などと代名詞を使ったときには、「四日前のトラブルの件ですね」などと具体的に問い返すのではなく、「例の電話の件ですね」と、わざと〝あいまい〟に確認するのが、大人の話法というものだ。

「たかが」と物事を矮小化するのは、重要視の表れ？

仲間うちでマージャンをして、勝った人が多少はしゃいでいる。それを見た負け組が「たかが遊びじゃないですか」と言ったら、あなたは、その言葉から、どんな印象を受けるだろうか？

「勝敗にこだわらないとは、さすが大物！」と思う人は、まずいないだろう。むしろ、ほとんどの人は「マージャンに負けたくらいで、負け惜しみをいう小さいヤツ」と思うだろう。じっさい、そうしたセリフを吐く人ほど、内心では自分が負けたことに傷つき、こだわっていることが多いものだ。

勝負に負けたときや困ったとき、「たかが…」と物事を矮小化するのは、心理学的には、防衛機制の一種と考えられる。内面に生じた欲求不満やストレスを「たかが…」と言うことで矮小化しようとし、「たいしたことではない」と自分に言い聞かせているのである。

つまり、自分の置かれた辛い立場を意図的に軽く見ることで、精神のバランスを保とうとしているのだ。

もちろん、それは、本人の精神衛生上は、有意義な行為といえる。「たかが…」と言うことで、精神的な負担が軽減されれば、それはそれでよい。しかし、「たかが…」と言ってもいいのは、あくまで自分の心の中や独り言としてであって、それを相手に聞こえるように言ったのでは、周りの人からは「小さいヤツ」と見られるのがオチである。

「今だから言うけど」と打ち明けられたら要注意のワケ

「今だから言うけれど」とか、「あのときは言えなかったけど、じつは……」といった打ち明け話が大好きな人がいる。

もちろん、当事者同士や互いに本心の話せる友人であれば、相手のことを本当に思っているという気持ちが込められているかもしれない。

ところが、第三者に対して、「今だから言うけど」式の打ち明け話が好きな人には、注意が必要だ。そういうタイプは、単に口が軽いだけと思って間違いない。

一般に、他人が知らないことを知っているというのは、気分のよいものである。

そして、多くの人は、他人が知らないような情報を入手すると、つい周りの人に話したくなる。だからといって、いくら時間が経っても、何でもペラペラと話していいわけではない。

ましてや、「今だから言うけれど」という打ち明け話には、内容的にもトップシークレットやプライバシーに関連することが多い。そんな大事なことを第三者に対して、ペラペラしゃべるのは、明らかに口が軽いという証拠である。そんな人に秘密を打ち明けたりすると、第三者に筒抜けになることを覚悟する必要がある。

また、「今だから言えるんだけど」と言いながら、どうでもいい話をさも自慢げに話す人もいる。そんなタイプは、情報に対処するセンスを欠いているので、それはそれで接するときに注意が必要となる。

「ここだけの話」は実際、どこまで信用できる？

昔から「ここだけの話に、ここだけの話はない」といわれる。つまり、「ここだけの話だけど」といってしゃべる人は、あちこちで同じように話しているという意味である。したがって、「ここだけの話だけど」というセリフを口にする人は、信用できない人というのが通り相場になっている。

しかし、「ここだけの話だけど」と言う人が、すべて信じられないというわけではない。親友などの口の固さを信じて打ち明け話をする人もいる。

単なるおしゃべりとのちがいは、声のトーンや相手との親密度などによって推し測ることができる。

まず、単なるおしゃべりが「ここだけの話だけど」と切り出すときは、声のトーンが軽めである。また、単なるおしゃべりの場合、親友でもないのに「ここだけの話」というセリフを連発する。「ここだけの話」という言葉の重みを、まるで実感していないからである。

また、単なる小心者にも、「ここだけの話」とよく言う人がいる。自分が話したことが原因で騒ぎになることを嫌って、「ここだけの話にしてくれよ」としつこいくらい念を押す。

そう言うことで、仮に多くの人に伝わっていたとしても、自分はちゃんと断ったのだから、「他にしゃべったあの人が悪い」と責任逃れできるからである。

やる前から言い訳を口にする人の隠された本音

人は、人前で何かをするとき、言い訳の言葉を口にすることが多いものだ。たとえば、宴会で芸を披露するときなど、「酔っぱらっていて、うまくできるかどうかわかりませんが」と言い訳したり、達筆の人が封書の宛て名書きを頼まれたとき、「最近はちゃんと書いたことがないもので、ちょっと雑になるかもしれませんが」などと言い訳してから筆をとったりする。

何かをしようとするとき、つい言い訳を口にするのは、自分の評価を下げたくないという心理が働くためだ。人は、絶えず周囲の評価を気にし、有能と認められたいと思っている。人前で失敗し、周囲からの評価が落ちるのは当然避けたいので、失敗の原因を自分本来の能力以外に転嫁するため、あらかじめ言い訳しておくのだ。

この言い訳の心理を、心理学では「セルフ・ハンディキャッピング」と呼ぶ。あらかじめ自分にハンディを課しておけば、失敗したところで、自分の能力を問われることはないという防衛的な心理だ。成功すればしたで、「ハンディを乗り越えての成功」と周囲から評価されるだろうという心理も、そこには加わっている。とりわけ、過去に成功体験を持つ者が、次も成功するかどうか不安になったときに、このような心理が働きやすい。

セルフ・ハンディキャッピングについては、バーグラーとジョーンズの実験がある。

彼らは被験者を集めて数列の問題を解かせた。その際、一つの被験者グループには比較的簡単な問題を、もう一つのグループには正解のない問題を与えた。

試験後、各グループの被験者に、成績が優秀であったことを告げ、もう一度同じような問題を与える。そのとき、薬物効果の研究のため、被験者に対し、知的作業を促進する薬か、それを妨害する薬か、どちらかを服用してほしいと求める。

すると、正解のない問題を与えられていた被験者たちの多くは、一時的に知的作業を妨害する薬を選んだ。問題を解けそうもないという不安を抱いたため、知的作業を妨害する薬を服用して、できなかったときの言い訳にしようと考える人が多かったのである。

金がなくても「オレがおごる」と言う人の深層心理

居酒屋では、「ここはオレが払う」と言って、一人でレジに向かう人の姿を見かけるが、その行動は何を意味しているのだろうか。

他人の分まで払うのだから、経済的にはマイナスである。ところが、当の本人はマイナスとは思わない。むしろ、プラスと考える。いったいどういうプラスがあるかというと、「心理的報酬」である。

「心理的報酬」とは、「社会的交換理論」でよく使われる言葉である。社会的交換理論は、お金やモノのやりとりだけでなく、愛情やサービス、情報のやりとりなど、一般に「コミュニケーション」と呼ばれているものも「交換」ととらえる社会理論で、アメリカには、この理論でコミュニケーション全般を分析する一派がある。

この理論に従うと、「ここはオレが払う」と他の人の分まで払うのは、そうすることによって大きな心理的報酬が得られるから。もしそのとき、他の人が「いいよ、自分の分は自分で払うから」と言うと、おごろうとした人は「心理的報酬を奪われた」と感じ、経済的な損失はゼロでも、心理的には「損」をした気分になることになる。

この心理的報酬という考え方の面白いところは、心理的報酬の大きさと、実際の金額が比例しない点だ。

大金持ちが「ここはオレが払う」と言っても、大きな心理的報酬を得られないが、お金のない人ほど、小さな額でも心理的報酬は大きくなる。人からは「金もないのに、何カッコつけているの」と思われても、本人はそうは思わず、大きな「得」をした気分になるのだ。

心理的報酬には「地位」も関係していて、同じ一杯八〇〇円のラーメンでも、上司が部下におごる場合よりも、部下が上司におごる場合のほうが、心理的報酬は大きくなる。

人間の心理とは、数字だけではかれないものなのだ。

いずれにしても、「ここはオレが払う」と言われたときは、素直に「ありがとう」と言って払ってもらったほうが、お互いに「得」といえそうだ。

「頻繁に不満を漏らす人はプレッシャーに弱い」の法則

飲みにいくたび、「課長の最近の態度、おかしいと思わないか」などと、上司や同僚への不満や愚痴を口にする人がいる。

といえば、多くのサラリーマンが「身に覚えがある」と感じるかもしれないが、本当に不満をよく漏らす人は、上司や同僚への不満だけでおさまらず、その飲み屋の料理や板前の態度、店の雰囲気にまで不平不満を口にするものだ。

こうした頻繁に不満を口にするタイプは、プレッシャーに弱く、他人への依存心が強いとみていい。

自分に自信がなく、つねに落ちつかない心理状態にあるので、他の欠点を指摘することで安心を得ようとしているのだ。

また、「絶対に大丈夫」とか、「それは一〇〇%あり得ないよ」というように、断定的な言い方も、じつは自分に自信のもてない人の特徴である。心の奥では自分の主張に不安を感じている反動として、ついつい断定口調になってしまうのだ。

そういう人は、権威に弱く、思いこみが激しいので、敵に回すと面倒なタイプではある。とりわけ相手の地位が高い場合には、付き合いに細心の注意が必要となる。

お世辞が効くタイプ、効かないタイプの見分け方

世の中には、お世辞を嫌う人もいて、そういう人にお世辞をつかうと、「口先だけの信用できないやつ」と、かえって嫌われることがある。お世辞が効果を発揮するかどうかは、あくまでも相手しだいなのである。

では、お世辞が効果を発揮するのは、相手がどういうタイプのときか。

「お世辞の効果」に関する研究では、フォーダーとファローの行った心理実験が有名だ。その実験では、まず被験者に、三人の大学生の作業を監督し、その仕事ぶりを評価する役目を与えた。そのうえで、三人の大学生のうちの一人に「あなたの指導はすばらしい」「こんなに作業がスムーズに進むのは、みんなあなたのアドバイ

スのおかげです」などとお世辞を言わせ、お世辞が評価にどのくらい影響するかを調べた。結果は明快で、お世辞の効果は、被験者の〝ある欲求〟と見事に比例していた。

被験者の〝ある欲求〟とは、支配や権力、服従を求める「パワー欲求」である。パワー欲求の強い人ほど、お世辞を言う大学生を高く評価したのだ。つまり、パワー欲求の強い人ほど、お世辞に弱かったのである。

というわけで、パワー欲求の強いタイプを上司に持ったときは、ごますりの効果があがるというわけである。

とはいえ、気をつけなければいけないのは周りの目。お世辞を言えば、上司からの評価は高まるかもしれないが、周りからは「調子のいいやつ」というレッテルを貼られてしまうものだ。

また、パワー欲求の強いタイプは絶対的な服従を求めてくるので、いい関係を保つためには、プライベートの時間も犠牲にしなければならなくなるし、場合によっては「汚れ役」を求められることもある。

お世辞には一定の効果があるが、いろいろな面倒を伴うこともお忘れなく。

自分の話をしたがらない人の心に潜むもの

会話上手のツボは、話すことよりも聞くことにある。タイミングよく相づちを打ち、ときには「へぇ！」と驚いて、楽しそうに耳を傾ければ、話し上手でなくても、会話は弾んでいくものだ。ただし、相手と親密な関係になりたいときは、雑談レベルの話が弾んでも、さほど意味はない。そんなときは、ちょっとした相談をもちかけると、相手との心理的距離がぐっと縮まることがある。

たとえば、家庭や仕事の悩みなど、自分のちょっとした〝秘部〟を打ち明けると、相手は「そんなことまで話してくれるなんて、自分は信頼されているんだな」と感じて、親近感をおぼえてくれることがある。

すると、「じつは、ぼくもこんな問題を抱えていてね」と、相手が悩みを打ち明けてくることもあるだろう。そういうプロセスを踏むことで、人間は徐々に親密になっていく。

このように、プライベートなことを相手に話すことを、心理学では「自己開示」というが、なかには、人の話は熱心に聞いても、自分のことは一切話さない人がいる。自己開示しないのは、警戒心が強い人の特徴であり、彼らは、よほど親密にならなければ、自分のことを話さない。また、心に深い傷を負っていたり、不安やコンプレックスが強いと、自分の話をしたくてもできなくなってしまうケースもある。

自分のことをなんでも話す人の心の読み方

世の中には、自分の話をしたがらない人がいる一方、身の回りのささいな出来事から、見聞きしたこと、感じたことや考えたことをそのまま口にする人もいる。

前述したように、心理学では、自分の気持ちや考えを正直に語ることを「自己開示」というが、なんでもあけすけに語る人と、そうでない人の違いは、精神的な成熟度の違いと見ていいだろう。

たとえば、「昨日、彼女と別れてさ」と、さほど親しくもない相手にあけっぴろげに話すのは、たいてい若者だ。彼らは、自分と他人の自我の区別がいま一つはっきりしていないため、何事も〝本音〟で話してしまうのである。

その点、精神的に成熟した大人なら、相手を選んで自己開示をする。その場合、「じつは私、こんなことを考えているの」「悩みがあって」と、すすんで自己開示をするのは、相手を信頼しているサイン。〝秘密を自己開示〟するのは、相手を厚く信頼している場合に限られるものだ。

ただし、なかには、誰かに話をして「あ ースッキリした!」というタイプの人もいる。その場合、信頼されていると考えるのは、早合点になる可能性もある。

やけに昔話が多い人は欲求不満を抱えている

過去を振り返り、そこから得た教訓を未来に生かすのは、もちろん大切なことだろう。しかし、飲み会の席や友人同士の会話などで、昔話の多い人は、そこから教訓を得ようとしているのではなく、単に昔を美化しているだけのことが多い。

一般に、「昔を美化するようになったら、年を取った証拠」といわれるが、昔を美化したがる裏には、現状に対する欲求不満がたまっていることが多い。

そもそも、現在の生活が充実していれば、過去を振り返っているヒマはない。一方、現在の生活に不満があったり、単調な日々を送っていると、現状に対する満足も未来への希望も感じられなくなる。すると、しぜんと過去の栄光にしがみつくことになって、昔を美化する傾向が強まるというわけである。結局、いつまでも、過去にこだわるのは、現実からの逃避であることが多いのだ。

さらに、過去の栄光を振り返れば振り返るほど、現状がますますみすぼらしく見えてくるもの。すると欲求不満がさらにたまって、ひどい場合はうつ症状が現れたり、反対に暴発的な突拍子もない行動に出ることもありうる。

〝不幸自慢〟する人の心理はこう読むのが正しい！

居酒屋で、七〇歳前後の男性が四人、ほろ酔い気分で、話をしていた。

一人が「腸にポリープができたが、良性でよかった」というと、もう一人が「糖尿病で、今日も、ここに来る前にインシュリン注射を打ってきた」と話し、さらに一人が「喉頭ガンと診断されたが、早期発見だったので治療をしたら治った」と語ると、最後の人が「脳梗塞で倒れて、あと一〇分救急車での搬送が遅ければ、命がなかった」という話をした。そして、その後、彼らは、いま何種類の薬を飲んでいるかを自慢し合っていた。

いずれも自分の病気体験であり、いってみれば不幸な体験である。しかし、彼らは、その不幸体験を笑いさえ交えて語り合っていた。

このケースのように、不幸や失敗を自ら暴露するのは、相手に対し、十分に心を開いている証拠である。また、相手との親密度をより深めたいと思っていることの表れでもある。

人には、相手が不幸話を明かしてくれると、相手に対して好意を抱く傾向がある。タレントがトーク番組で、自分の失敗談を明るく話しているのを聞くと、そのタレントに対する親しみが増すのもその心理傾向によるものといえる。

自分を卑下して迎合するのは、高度な〝心理作戦〟

何かにつけて自分を否定する人がいるが、彼らは「そんなことないよ」という周囲の言葉を待っているだけで、その欠点を自ら解決しようとはしていないことが多い。

たとえば、大切な会議に遅刻してきた後輩が、「本当に申し訳ありません。だらしない自分が嫌になります。社会人失格です……」などと激しく自分を責めたとする。

そういう場合、卑下する人には、自分を低く見せることで、相手から好意的な反応や援助を引き出そうという心理が隠されていることが多い。心理学では、そうした心理を「迎合行動」と呼ぶが、実際、過度に反省されると、周囲の人は「まあ、そういうときもあるよ。あまり落ち込むな」と励ましてしまうものだ。迷惑をこうむったはずなのに、なぜか励ますという逆転現象が起きてしまうのだ。

また、自分の能力を隠すために、あえてバカを演じるのも、迎合行動のひとつといえる。たとえば、若い女性が男性に向かって言う「えー私って、バカだからできな〜い」というのは、その代表例である。自分一人でできることも、自らバカを演じて男性に援助を求める〝心理作戦〟というわけだ。

いずれにせよ、卑下して迎合行動をとる人は、何事にも人を頼る、依頼心の強い精神的に未熟なタイプと見ていい。

他人の成功物語が好きな人は本当に上昇志向が強い？

ビジネス雑誌で、「イーロン・マスクに学ぶ発想法」とか「現代に生かす！　徳川家康の組織術」などといった見出しをみかけると、つい手にとってしまうという人はいないだろうか。そうした経営者のサクセスストーリーなどを好む人は、部下をもつようになった中間管理職に多いようだ。

彼らの心のなかに、「成功をおさめたい」「人や組織をうまく動かしたい」という欲求があることはいうまでもないだろう。ただ、イーロン・マスクのように人並みはずれた成功をおさめたいといった強い上昇志向があるかというと、そうではないことが多いようだ。

そもそも、歴史に名を残すほどの人物というのは、自らの創意工夫によって、新たな方法論や成功法則を導き出した人である。一人として同じ道を歩んだ人はいないし、方法論はそれぞれに異なるものだ。

一方、過去のサクセスストーリーを好む人は、本を読むことで他人の成功を追体験しようとしているわけで、自分自身で成功法則を編み出そうとは思っていない。成功法則を学び、それを利用しようとするのは、リスクを避けるためでもあるのだろう。

たしかに、熾烈な闘いを勝ち抜く戦国時代の物語などは、男のロマンをかきたてるストーリーではある。とはいえ、そんな苦労は自分にはできない。家庭を犠牲にしてまで闘うくらいなら、平凡なサラリーマン人生も悪くはない――彼らには、そんなふうに現状の不満をすり替えて、満足したい心理があるともいえる。

出世できないサラリーマンが「ごますり下手」を装うのは？

いっこうに出世できないサラリーマンが、スナックのママを相手に、こうこぼしていた。

「出世するやつは、平気で上司にゴマをする。オレにはあんな恥ずかしい真似はできない。プライドを捨ててまで、出世したいとは思わないね」

聞いていたママは、「そうよ。山ちゃんは山ちゃんらしく、堂々としていればいいのよ」と慰めていたが、おそらく心の中では、そうは思っていなかったはずである。

たしかに、出世するサラリーマンは、上司にゴマをすることもあるだろうが、出世する条件はそれだけではない。一方、出世できないサラリーマンにも、ゴマをすれないこと以外の理由があるはずだ。

もちろん、サラリーマンのなかには出世を望まない人もいる。しかし、本当にそう思っている人は、他人の出世に対して愚痴を言ったりはしないだろう。

スナックのママや同僚相手にこぼすというのは、いくつもある出世の条件のうち、それを認めても自分が傷つかない条件だけを強調して、自分を納得させようとしているにすぎない。


心理学では、こうした防衛機制を「合理化」と呼ぶ。

たとえば、婚約を解消された男性が、その根本的な原因に目を向けず、「あんな金づかいの荒い女は、結婚すると大変だった。むしろ、結婚前に別れてよかった」と、自分を納得させたり、大学受験に失敗した生徒が、自分の学力不足を棚に上げ、「あの大学は山の中にあって、通うのにも不便だし、近くに遊ぶ場所もない。受からなくてよかった」と自分を慰めるのも「合理化」の例である。

『イソップ物語』に、ジャンプしてもブドウに届かなかったキツネが、「どうせ、あのブドウは酸っぱいから、取れなくてかまわない」とうそぶいたという話があるが、これは合理化の代表例。自分の思いどおりに事が運ばなかったとき、自分の都合のいいように解釈して、自分を納得させているのである。

コラム2　外から見てもわからない不思議な性格の謎

◆人の「性格」はどうやって決まる？

「蛙の子は蛙」という言葉があるように、子どもは親によく似るものだ。顔や体型だけでなく、しぐさや話し方まで「親とそっくり」という子どももいる。そういう現実を見ると、「性格は遺伝する」と思えてくるが、実際はどうなのだろうか。

心理学では、「性格は遺伝で決まる」という考え方を「生得説」、あるいは「遺伝説」といい、この立場に立つ古典的研究として、イギリスの遺伝学者ゴールトンの「家系研究」がよく知られている。

家系研究とは、芸術家や学者、犯罪者など特定の才能、特定の性格を持った者を数多く輩出した家系に注目し、才能と遺伝、性格と遺伝を関連づけたもの。ゴールトンは、五世代で一三人もの作曲家を輩出したバッハの一族や、九世代で一七一人の犯罪者と二八二人のアルコール依存疾患者を出したアメリカのある家系を例に、

「人の性格を決めるのは遺伝。人の性格は生まれつき決まっている」と主張した。

しかし、心理学には「人の性格は、生まれたあとの環境によって決まる」という考え方もある。この立場に立つアメリカの行動主義心理学者ワトソンは、「バッハの家系に音楽家が多いのは、幼いころから音楽に触れる機会が多く、音楽教育の環境が整っていたからで、遺伝は関係ない」と主張した。そして、自信たっぷりに「私に一ダースの赤ん坊を預けてくれたら、それぞれの子をお望みどおりの人間に育てよう」と豪語した。

心理学には、このように真っ向から対立する二つの考え方のほか、「性格は、遺伝と環境の相互作用によって決まる」という両者を折衷《せっちゅう》した考え方もあり、近年はこの「相互作用」説が主流になっている。

ただ、その中にも、「知能は環境の影響を大きく受けるが、性格は遺伝の影響を強く受ける」という説と、「性格よりも知能のほうが、遺伝の影響を強く受ける」という説があり、今も論争が続いている。

◆なぜ、同じ兄弟でも、長男と次男で性格が違うの？

「同じ親から生まれ、同じ親に育てられた兄弟なのに、どうしてこうも性格が違うのか」と思ったことのある人は多いだろう。世の中にキャラクターの違う兄弟は数多い。まるっきり反対の性格であることも少なくない。

なぜ、そのようなことが起きるのだろうか。

この問題に関しては、『インナーチャイルド』などの著書で知られている心理学者のジョン・ブラッドショーの理論が有名なので、その理論をざっと紹介しよう。

ブラッドショーによれば、まず「家庭内には、満たされるべき欲求がある」と言う。その欲求とは、何かを成し遂げたいという達成欲求に始まり、家族の和を保ち、家族の絆《きずな》を強くしたいという欲求や、親に意識されない無意識の欲求など、いくつかある。

また、「家族は、それぞれが無意識のうちに、そういう欲求を達成しようとするのだが、子どもが複数いる場合は、無意識のうちに役割分担をし、それぞれが異なる欲求を引き受けるようになる」という。

そして、ブラッドショーは「兄弟の性格が違うのは、これが原因。兄弟でも引き受ける欲求、家庭内での役割が変わってくるので、当然、違う性格の人間として育つ」と結論づけている。

つまり、「同じ家庭で育ったにもかかわらず、兄弟の性格が違うのは、同じ家庭で育っているからである」と言っているのだ。ブラッドショーの理論に従えば、兄弟の性格が違うのは当然のことで、同じ家庭で育ったにもかかわらず、性格が同じというほうが、むしろ驚くべきことだというのだ。

ちなみに、達成欲求を引き受けるのはたいてい長男・長女で、家族の和を保ち、家族の絆を強くする役割を引き受けるのは次男・次女だという。たしかに、長男や長女には「責任感、自制心が強い」という性格特徴が多く見られ、次男や次女には「快活、活発で、人づきあいがいい」という性格特徴が多く見られるものだ。

◆人の性格はどんな場合に変化するのか

人の性格は、けっして固定的なものではない。年齢を重ねるとともに、身体が変化していくのと同様、性格も変わっていく。

心理学では、年齢による性格の変化を「適応的変化」といい、その変化は、性格の統合性、主体性、社会性の三つを獲得していく方向で進むとしている。

性格の統合性とは、簡単に言うと、バランス感覚のこと。若いころは、とんがっていた人も、年をとると丸くなるもの。この変化は、性格の統合性によるものだ。

主体性や社会性も、年とともに高まっていく。若いころは優柔不断だった人も、一定の年齢に達すると、自分の意見をはっきりいえるようになるし、若いころは引っ込み思案で人前に出るのが苦手だった人も、年をとると社会性を身につけ、人前に出ることがさほど苦痛ではなくなる。さらに、公共心や公徳心も、年齢を重ねるにつれて自然と高まっていく。

このように、人の性格は年齢とともに変わっていくもので、言い換えると、人は放っておいても「大人」になっていくわけだ。

その一方で、年齢に応じた変化とは別に、急激に性格が変化することもある。そういう変化が起きるのは、特異な体験をしたときや、精神病にかかったり薬物中毒になったときである。心理学では、そのような原因で起きる性格の変化を、「不適応的変化」と呼ぶ。

この不適応的変化は危険なもので、不適応的変化が起きると、人間関係は壊れ、仕事はもちろん、社会生活全般に悪影響が出る。最悪の場合は、人格の崩壊をもたらす。

逆に言うと、人と感情的にぶつかると、「その性格が許せない！」「その性格を変えろ！」と思うものだが、それは無理な注文というもの。人の性格がガラリと変わるのは、人格崩壊さえ招きかねない危険なことなのだ。「こいつとは性格が合わない」

とイライラしても、長い目で見ることが肝要。放っておけば、人の性格は自然と変わっていくのだから。

◆見た目だけで人の性格はどこまでわかるか

アメリカの心理学者シェルドンは、体の特性によって人を三つのタイプに分け、それぞれのタイプで性格が違うという説を唱えた。

彼の分類した三タイプとは、①内臓型（消化器官がよく発達しているが、骨や筋肉は弱々しい）。②身体型（骨や筋肉の発達がよく、厚い皮膚、太い血管をもつ）。③頭脳型（骨は細くて、筋肉の発達も少ない。皮膚、神経系統、感覚器官がよく発達している）である。

それぞれの性格は、まず、①の内臓型は、動きが緩慢で、反応も遅い。しかし、社交性があって、礼儀正しく、だれにでも愛想がよい。また、現状に満足している度合いが高く、お人好しで、不満や不平をためこんではいない。

②の身体型は、動きが力強く、何ごとにつけて精力的なタイプ。競争意識が強く、負けず嫌いで、一発逆転のギャンブル的発想も好む。その一方、細かなことには鈍感で、大ざっぱ。他人に気を遣っているように見えても、肝心のところでは抜けて

いることが多い。
③の頭脳型は、動きが抑制的で、感情や情緒を抑えるタイプ。本心が見えないことが少なくない。物静かで、自分の領域に入ってこられるのを嫌う。なかなか打ちとけにくいが、気を許すと、細かなところまで気を遣ってくれるので、意外に接しやすい面もある。

◆「あの人の言うことは当たっている」と言われる心理的コツ

雑誌の「性格診断」のページを読んでいるつもりで、次の文章を読んでみてほしい。あなたの性格に当てはまる記述は、いくつあるだろうか。

「あなたは、ふだんは社交的にふるまっていますが、じつは臆病でシャイなところもある人です。一方、自分の考えをしっかり持っているため、根拠のない話や情報を簡単に信じることはありません。でも、ときには、自分の判断に不安を感じることも。人とは協調でき、根は真面目ですが、ときどき突飛な行動をとって、周囲をびっくりさせる大胆な面も持っています」

おそらく、これを読んだ人の大半は、「けっこう当たっている」と感じたのではないだろうか。それもそのはずで、この文章は性格診断でもなんでもなく、誰にでも当てはまるように書いたものだ。

このように、誰にでも該当するようなあいまいな記述を「自分に当てはまっている」ととらえてしまう心理を、心理学では「バーナム効果」と呼ぶ。

バーナム効果を生むには、二つのルールがある。一つは、誰でも思い当たりそうな表現を選んで並べること。

たとえば、雑誌の占いを読むとき、人は無意識のうちに自分に当てはまることを探しながら読むわけだが、そこで「デリケート」とか「マイペース」とか「たまに不安になる」など、誰にでも当てはまるような表現に出くわすと、思わず自分のことを言い当てられた気がして、信じやすくなるのである。

もう一つは、表現があいまいであること。たとえば「去年の九月にリストラされそうになり、夜も眠れないほど悩んでいる」と具体的に言うと、大半の人に当てはまらなくなるが、「仕事のことで悩みがありそう」と表現すれば、社会人のほとんどが当てはまるはずだ。

このバーナム効果は、各種占いの本などでふんだんに利用されている。人に性格のことを尋ねられたときなど、このバーナム効果を用いて語れば、「あの人の言うことは当たってる」と一目置いてもらえることだろう。

◆寝るときの姿勢から性格と心理状態を見抜くコツ

精神分析医のサミュエル・ダンケルは、多くの臨床例をもとに、寝姿から、その人の性格や心理状態がわかることを発見した。その一部を紹介しよう。

胎児ポジション――顔やお腹を隠すように、丸まった姿勢で横になって眠る。胎児のポーズといわれるこの姿勢には、「保護欲求」が隠されている。誰かに守られていたいという心理の表れで、子ども時代に保護してくれた人に依存し続ける傾向がある。性格は、自分の殻に閉じこもりやすく、本音を見せないタイプ。

半胎児ポジション――横向きに身体を伸ばし、膝を少し曲げて眠る。ほかの寝姿に比べて、寝返りしやすいのが特徴。睡眠中に身体によけいな負担がかからない姿勢であり、性格にもバランス感覚のよさが表れるという。他人に安心感を与える常識人。

うつぶせポジション――これは、ベッドを独占しようとしているポーズで、このスタイルで眠る人には、自己中心的な性格の人が多いという。想定外のことが起きるのを嫌い、身の回りのことはすべて把握しておきたいタイプ。周囲に細心の注意を払う几帳面さもあり、自分の仕事はきちんとこなす。

王者ポジション——身体全体を伸ばして、仰向けに眠る人は、オープンで柔軟な性格の持ち主。親の関心を一身に集めて、周囲から大切に扱われて育った人に多いという。そのため、人柄は安定していて明るく活発だが、自信家でワンマンな一面もある。

スフィンクスポジション——うつぶせになって膝を曲げ、背中を高くして眠る。子どもに多く見られる寝姿だが、眠りが浅い人や、よく眠れない人も、このポーズをとることがある。この姿勢は、目が覚めた状態に早く戻りたいという心理の表れだという。

さて、あなたに当てはまるポーズはあっただろうか。また、団体旅行などで、人と枕を並べて眠る機会があったら、友人や同僚の寝姿を観察してみると、意外な発見があるかもしれない。ちなみにカップルの場合、二人で眠るときの姿勢に異変が起きたときは、パートナーの心理に変化が生じている証拠。たとえば、突然、身体の間隔をあけるようになったら、心変わりのサインである確率が高い。

◆損な性格、得な性格ってどんな性格？

性格は、その人の人生を大きく左右するが、健康にも大きな影響を及ぼすことがわかっている。人間には、病気にかかりにくい性格と、病気にかかりやすい性格があり、また性格によって、かかりやすい病気の種類が違ってくるのである。

たとえば、心筋梗塞《しんきんこうそく》などの心臓病になった人の行動パターンに関する研究結果を見ると、この病気になった人には、せっかちな人、敵意が強く攻撃的な人、競争心が強い負けず嫌いな人、仕事が生きがいという人が多いことがわかる。

また、ガンにかかった人の行動パターンに関する研究結果からは、自己犠牲的な人、我慢強い人、過度に譲歩的な人、権威に対して従順な人、自己主張や感情表現が苦手な人など、誰からも「いい人」と呼ばれるタイプが多いことがわかる。

なぜ、そういったタイプの人が心臓病やガンにかかりやすいかというと、そうでないタイプの人よりも、より多くのストレスを感じているからだ。ストレスは万病の元であり、自律神経やホルモン分泌に悪影響を及ぼし、免疫力の低下をもたらす。ストレスを感じやすい性格は危険なのである。

しかし、そういった性格が健康にとって致命的かというと、そうとはいえない。

負けず嫌いな人が心臓病にかかりやすいのはたしかだが、このタイプの人は、いったん「病気を治そう」と心に決めると、ひたすら治療に専念するので、普通の人よりも早く回復することがある。負けず嫌いな性格が、いい方向に働くわけだ。

また、権威に対して従順な人は、医師のアドバイスをきちんと守り、食事療法なども根気強く行うので、やはり普通の人よりも早く回復することがある。「病気にかかりやすい性格」は、たしかに「損な性格」といえる。しかし、その性格は「病気の克服」に役立つこともあるというわけだ。

◆ひきこもってしまう人の心理メカニズム

学校へも行かず、仕事にもつかず、自宅の部屋にこもってしまう〝ひきこもり〟が社会問題になって久しい。

友だちもいない、恋人もいない、家族とも話さない――ひきこもりの人たちは、そんな状態を続けることに、孤独を感じないのだろうか？　ひきこもったことのない人には、そんな疑問が浮かぶだろうが、むろん、彼らだって孤独は感じているはずである。

しかし、人が孤独を感じたときの対処法は、人さまざまであり、寂しいときに、誰かと連絡をとろうとする人が多数派というわけではない。むしろ、孤独感にさいなまれているときには、人を遠ざける心理が働きやすいことが、さまざまな研究からわかっている。

たとえば、誰からも連絡がこなくて孤独な気分でいるとき、「自分のことなど、誰も気にもかけてくれない」と思ったことはないだろうか。忙しいときは、少しくらい連絡がなくても気にならないのに、孤独を感じると、卑屈な見方をしてしまいがちだ。

また、ひきこもる人は、自分に自信を持てなくなっていることが多いので、どうせ自分のことはわかってもらえない、またささいなことで衝突するに決まっていると思い込む。あるいは、自分は魅力がないと思い込み、友だちや恋人ができるはずがないと、決めつけてしまう。そして、人から嫌われていると思うと、自分のほうからも人を嫌うようになってしまう。というわけで、人は孤独感で絶望しているときほど、人との接触を断ちたくなるのだ。

しかし、「自分はダメだ、嫌われている」といった自己評価は本人の誤った思い込みであるケースが少なくない。独りでいることで孤独感が募り、それが自己嫌悪を招き、さらに孤独を深めるという悪循環に陥っていることが多いのである。

◆覚えておきたい中高年の五つの性格パターン

心理学者ライチャードらの調査によれば、五五～八四歳までの中高年の性格は、次の五つのパターンに分けられるという。

一つめは「円熟型」。過去を後悔しないで、年老いたという現実を前向きに受け入れ、未来への展望をもっている人を指す。家庭や社会での人間関係にも満足しており、いずれ訪れる死を覚悟しながらも充実した日々を過ごしている。

二つめは「安楽椅子型」。過去を後悔せず、年老いたという現実を受け入れているが、「仕方がないから」とか、「不満を言ってもしょうがない」などというのが、その動機であり、何事につけ、態度が消極的な人を指す。彼らは、人間関係はもちろん、社会とのつながりにおいても面倒なことを嫌い、あまり外へ出たがらず、とにかく安楽に暮らしたいと思っている。

三つめは「防衛型」。自分が老化することへの不安が強く、年をとりたくないという思いが強い。その分、若い頃と同じような生活を維持しようとし、仕事を続けたり、なにかと外出することが多い。行動が積極的で、若々しく見えるタイプだ。

四つめは「憤慨型」。自分の過去や老化をそのまま受け入れることができないタイプで、心に不満やストレスが充満していて、つねに周囲を攻撃したり、非難したいという欲求が強いタイプだ。意地悪や偏屈な性格で、トラブルメーカーであることが多いといわれる。

五つめは「自責型」。自分の人生は失敗だったと考え、自分を責めたり、悔やんでいる。その自責の念や悔しさを何かにぶつけたり、孫などに囲まれて忘れられればよいが、発散する機会がないと精神的に苦しみ、病気になったり、自殺してしまうこともある。

中高年は、ひと言に「おじさん」「おじいさん」などと総称されるが、彼らの心のうちは、若い人が考えるよりも、はるかに複雑で不安定である。

◆うつになりやすいのはどんなタイプ?

気分が落ち込むのは、誰にでもあることだが、「うつ病」はそれが深刻になって、日常のほとんどのことが億劫《おっくう》になる病気である。人嫌いになり、家に閉じこもるようになるが、絶えずイライラしていて、家の中をウロウロと徘徊したり、掃除をし続けたりする。本人は、眠って苦しみを忘れたいと思うが、眠りは浅く、疲れはほとんどとれない。性欲や食欲ばかりか、あらゆる欲望が低下する。身体のどこかに痛みを伴うのも、うつ病の特徴で、なかには、身体の痛みに耐えられず、生きていることさえ億劫になり、自殺を図る人もいる。

うつ病の原因としては、遺伝的要因、脳の生化学的要因、環境の激変、うつ病になりやすい性格などが挙げられる。

そのうち、うつ病になりやすい性格には、粘着気質が挙げられる。粘着気質とは、仕事熱心、凝り性、几帳面、義務感が強い、柔軟性に乏しい、ごまかしがきかない、義理堅いといった性格のことである。

つまり、周囲から信頼されるような生真面目な人ほど、ストレスをため込みやすく、何かをきっかけにうつ病を発症することが多いのだ。

ほかにも、うつ病はさまざまな原因によって発症し、たとえば、長期の仕事が完了したときなどに起こる「荷下ろしうつ病」、引っ越しによって慣れ親しんできたものとの別れがきっかけとなる「引っ越しうつ病」、懸命に打ち込んできた仕事や勉強が不成功に終わるなどの落胆から起こる「燃え尽きうつ病」などがある。

真面目なタイプが多い日本人は、人口の一〇％以上が、一生に一度は「うつ病」を経験するといわれ、現在では、「心の風邪」と呼ばれるほど頻度の高い病気となっている。

◆青い鳥症候群になると転職を繰り返す理由とは？

外国へ移住し、その地域に溶け込んで働いている日本人は少なくない。インターネットでも、その体験などを日記風に記したブログをたくさん読むことができる。

その一方で、働くために海外へ出た日本人には、次々と転職を繰り返している人もいる。そういう人は、自分の能力をもっと生かせる、自分に合った仕事があるはずだと思い込み、現在の仕事が嫌になる。自分の能力やスキルのことは考えず、仕事や待遇、上司への不満ばかりを募らせ、より条件がいい仕事を探しては移っていく。

むろん、国内だけで転職を繰り返す人はもっと多いわけだが、そのような転職を繰り返す人は、メーテルリンクの戯曲『青い鳥』にちなんで、「青い鳥症候群」と呼ばれてきた。『青い鳥』で、主人公のチルチルとミチルが幸せを招くという青い鳥を求めて旅するように、転職を繰り返す彼らも、幸せを招く仕事を求めて移り歩くからである。

こうした青い鳥症候群に陥りやすい人には、子どものころから、過保護に育てられて勉強のよくできた人、また遊ぶにも親の監視下に置かれていた人が多いという。つまり、成績がそこそこいいのでプライドは高いが、社会性を身につける訓練をしないまま大人になり、自分の思うままにならないと我慢できないというのが、彼らの共通点だ。その結果、短絡的で感情的な判断から転職する傾向が強いと言われている。

◆燃え尽き症候群はどんなときになるのか？

「燃え尽き症候群」とは、一九八〇年、アメリカの心理学者フロイデンバーガーによって提唱された概念で、それまで働きがい、生きがいを感じて仕事をしていた人が、突然、電池が切れたようにエネルギーがなくなり、スランプに陥る状態をいう。

もともとは大きな大会後に目標を見失ったアスリートによく使われたが、今では、一般の人々にも、この症候群に陥る人が多いことがわかってきた。とりわけ医師や看護師、福祉関係者に多い症状として知られる。熱心に治療や看護をした患者が亡くなったあと、燃え尽きたようにスランプに陥るのだ。

また、子育てだけが生きがいだった専業主婦が子育てを終えたときや、仕事熱心なビジネスマンが大プロジェクトを終えたとき、勉強一筋の受験生が受験を終えたときなどにも、同じような症状が現れることがある。

初期症状としては、無気力、不眠、体力低下などの症状が生じ、進行すると、頭痛や胃痛、風邪などの身体的症状が現れ、最終的にはうつ状態となって、職場や学校に行けなくなることもある。

Chapter 5

身体と人間心理の〝深いつながり〟の読み方

「笑いながら手を叩く人」の心の中で何が起きている?

面白い話を聞いたとき、思わずパンパンと手を打ってしまうことはないだろうか。そうした大笑いは、会社の上司の寒いギャグを聞いたときや、面白くもない話に無理やり笑わなければならないときには、けっしてしないものである。

なぜ、大笑いするときには、手を叩いてしまうのだろうか。その行動には、無意識のうちに興奮を抑えようとする心理が働いている。

ニヒルな笑いや冷笑とは違って、爆笑レベルの笑いは一種の興奮状態といえる。その興奮を抑えようとして、他の激しい行動をとるのである。

その際は、興奮のハケ口が見つかればいいのだから、必ずしも手を叩く必要はない。実際に人が笑う場面を観察してみると、自分の手を叩くだけでなく、お腹をポンポン叩いたり、他人の肩をバシバシ叩いたり、足を踏み鳴らしながら笑ったりする人もいる。幼い子どもの場合は、床を転げまわったり、飛び跳ねながら笑うことさえある。

失恋すると胸が痛くなるメカニズム

失恋すると、胸が痛くなったり重く感じることには、次のような脳と身体のメカニズムが関係している。

失恋で大きなショックを受けると、大脳の視床下部《ししょうかぶ》を介して、自律神経系のバランスが崩れ、ホルモンによって身体全体の働きをコントロールしている内分泌系にも、異常な反応が起きることがある。この自律神経と内分泌系の異常が、胸がズンと重くなったり、ギュッと締め付けられるといった感覚を引き起こすのである。

一方、失恋すると、そのショックから、食べ物がのどを通らなくなることもあるが、これも、胸の痛みや重さを引き起こすのと、同様のメカニズムによるもの。

失恋のショックが大脳を通じて自律神経系に伝えられると、交感神経を通じてアドレナリンが血中に分泌される。このアドレナリンの働きが、交感神経の緊張をさらに高める。

　すると、もう一方の副交感神経は活動を休止する。自律神経系は、一方が優位になると、一方の活動は抑制されるシステムになっているからだ。

　消化器系の臓器は、副交感神経の作用で働くため、交感神経が活発になっていると、消化作用が鈍くなり、食欲がわかなくなる。それで、食事がのどを通らなくなるのである。

恐怖や感激で背中がゾクッとくるのはどうして？

　怖い話を聞いて、背中がゾクッとすることがあるが、人によっては、恐怖とは違う感情によって背中がゾクッとすることもある。たとえば、ロックコンサートのオープニングで、観客が総立ちになった瞬間にゾクッときたという人や、名画を見たときにその素晴らしさにゾクッときたという人もいるだろう。

　まとめると、人間は、恐怖、感動、驚き、期待などの場面で、背中のゾクゾク感を経験する。そのとき、人間の身体では、どんな変化が起きているのだろうか。

驚きや恐怖、感動などで、神経が興奮すると、体内では、無意識のうちに交感神経が緊張し、アドレナリンが大量に分泌される。アドレナリンは、恐怖のホルモン、闘争・逃走のホルモンなどとも呼ばれ、興奮したときに分泌される物質だ。

このホルモンが血中に分泌されると、手、足、腹など、身体じゅうの皮膚の血管が収縮し、心臓の拍動が高まり、顔は青くなる。

背中がゾクッとくるのも、この血管収縮作用によるもので、背中だけがとくに寒く感じるのは、手足や腹に比べて、背中は無防備な状態にさらされているから。背中は、手のように握りしめることもできないし、腹のように手で押さえることもできない。だから、とりわけゾクッという感覚を鋭敏に感じるのである。

話しながら手をよく動かす人は、何を伝えたいのか

会話中、多くの人は、何かしら手を動かしているものだ。その手の動きには、そ

の人の心理状態が表れるので、相手の真意を知りたいときには、手の動きに注意してみるといい。

たとえば、話しながら、手を大きく動かす人がいる。まるでジェスチャーゲームかと思うほど大きく動かす人もいるが、それは、自分の本心をなんとか伝えようとしている気持ちの表れである。

自分の気持ちや思いを正確に伝えたいため、言葉だけでなく、手振りも動員して本心を伝えようとしているのだ。

手振りが大きいといえば、アメリカ人を思い出す人は少なくないだろう。アメリカ社会はご存じのように多様な社会で、価値観や考え方の違う人たちが集まり、社会を構成している。それだけに、自分の考えをしっかり伝えることが重要になり、手振りまでコミュニケーションに動員する人が増え、それが社会文化になったとみられている。

日本でも、最近は、手振りの大きな人が増えている。外国人の影響もあるだろうが、価値観が多様化するなか、日本でも互いにわかりあうため、なんとか本心を伝えようとする人が増えたこともあるだろう。

手を隠しているのは警戒心の表れって本当？

話し相手が、ずっと手を隠していることはないだろうか。

たとえば、テーブルの下に置いたり、ポケットに入れたり、背後に隠したりしているような場合である。

相手が手を隠すのは、目の前にいるあなたを警戒しているからである。心理学では、相手の接近を拒否する心理行動とされ、とくに一対一で向かい合っているときには、自分の本心を知られたくないという心理の表れとみられている。

ただし、その場合の相手が何を警戒しているかまではわからない。あなたに不信感をもっていたり、あまり親しくしたくないと思っていることもあるだろうし、ウソや隠し事をしているのかもしれない。

あるいは、やましいことがあって、それを悟られまいとしているというケースもあるだろう。

話の途中で手の動きが止まるのは〝隠し事〟のシグナル

話をしながら手を動かしていた相手が、急に手の動きを止めたときは、「ウン？」と思って注意したほうがいい。ウソをついたり、隠し事をしていることが多いからだ。

そもそも、手を動かすには、胸から腕にかけての筋肉がリラックスしていることが必要になる。だから、話しながら手を動かしているのは、リラックスして話していることの証拠といえる。

ところが、ウソをついたり、隠し事をすると、胸や脇に力が入る。ウソや隠し事を悪いことと思っていると、体が反応して胸や脇に力が入るのだ。そのため、それまで動いていた手の動きが止まってしまう。というわけで、話しながら動かしていた相手の手が急に止まったら、ウソをついているか、隠し事をしている確率が高いといえるのだ。

また、ウソをついたり、隠し事をした人は、無意識のうちに、手や体の動きが本心を伝えるのではないかと恐れる。そこで、手の動きからウソがバレるのを警戒して、本人も気づかないうちに手の動きを止めてしまうのだ。

ただし、それらはふつうの人の反応であり、世の中には、ウソをついたり、隠し事をしてもまったく平気という人もいる。そういうタイプは、ウソをついても胸や脇に力が入ることはないし、手の動きからウソがバレるとも警戒しない。

こんな「ハンド・ランゲージ」はイエスのサイン！

商談や頼みごとをしているとき、もう一つ、相手の反応をつかめないというときは、相手の手に注目するとよいというのはすでに紹介したとおりだ。

ここでは、「イエス」と「ノー」を表すハンド・ランゲージを復習をかねてまとめておこう。

まず、相手の手が、あなたから見える位置にあって、握らずに広げられていれば、それは相手がリラックスしている証拠といえる。あなたを受け入れている状態であり、言葉や表情に表れていなくとも、内心「イエス」と思っている確率が高い。

また、かるく拳を握っている程度なら、まだ脈があると考えられる。話が行き詰まっていても、まだ見捨てられてはいないと思って粘りたい。

一方、相手が拳を固く握っていれば、それは「ノー」のサイン。相手が手を握りしめたら、それ以上には粘らず、出直したほうが得策だろう。

また、相手が指先でトントンとテーブルを叩けば、それは相当な苛立ちの表れ。相手が、トントンやり始めたら、さりげなく話を中断したほうがよい。

「腕組み」のポーズから心の開き具合を知るコツ

親は、走って来る小さな子どもを抱きかかえようとするとき、子どものほうを向いて胸を開き、大きく腕を広げて待つものだ。もちろん、その手のひらは、子どもに向かって開かれている。その体勢は、相手を受け入れようとするときの典型的なポーズである。

ビジネスの場面でも、相手を受け入れようとするときには、相手に対して、胸を広げて正対するものだ。そのとき、抱きかかえようとはしないまでも、手のひらは相手に向かって開いていることが多い。

一方、腕組みは、胸を閉じ、手のひらを相手に向けないポーズの代表格。心理学的に、腕組みは自己防衛のポーズといわれ、相手に対し、心を開いていないことを表す。ビジネスの場面でも、相手が腕組みをしていれば、相手にあなたを受け入れる気持ちはないとみたほうがよい。

また、腕組みは、相手を受け入れる以前に、自分の領域へ入ってほしくないという心理の表れでもある。たとえば、会議の席などで腕組みしている人は、他のことを考えていたり、その会議自体に乗り気ではないことが多い。

また、ふだんから、よく腕組みをしている人には、警戒心が強く、自己中心的なくせに気の弱い人が多い。自分を守りながら頑張っているが、ここ一番に弱いので、結果としてうまくいかないというタイプである。そういう人は、腕組みをやめることから始めるといいだろう。

言葉と態度が違ったら、態度を信用したほうがいいワケ

ある実験で、被験者に、ウソをついている人のビデオを見てもらった。そのさい、全身が映ったビデオ、顔だけのビデオ、体だけのビデオと三通りを見せたところ、ウソをついていると見抜いたのは、体だけのビデオを見た人が一番多かった。ついで、全身のビデオで、顔だけのビデオを見た人が一番ウソを見抜けなかったという。言葉と態度に違うところがあったら、「態度」を信じたほうが読みが当たる確率は高いということである。

相手が耳をさわったら、話をやめるのが無難

取引先や友人と話しているとき、相手の耳たぶをさわるしぐさが、気になったこ

とはないだろうか。仲のよい人でも、話をしている相手が耳たぶに手をやると、けっこう目ざわりに思うものである。

それもそのはずで、古典的名著『ボディー・ランゲージ』を著したジュリアス・ファストによると、耳たぶをさわるのは相手の話をやめさせたいときのシグナルだという。

ファストによれば、現代人は、子どもの頃から、授業中には手を挙げ、指名されてから発言するように教育されている。

そのため、大人になってからも、相手の話をさえぎって話したいときには、手を挙げたいという衝動にかられる。

しかし、じっさいには手を挙げることができないので、無意識のうちに耳たぶをさわってしまうという。

また、女性が、相手の話を聞きながら髪をさわるのも、似たようなケースであることが多いと、ファストは指摘している。

もちろん、癖や別の理由で、耳に手をやる人もいるが、自分の話を聞いている相手が耳に手をやったり、髪をさわりだしたら、表情などの反応をしっかりチェック。

少しでも、それ以上話を聞きたくないというそぶりが見えたら、話をやめるか、話題をかえるほうが得策だろう。

鼻に手をやる相手からは「疑われている」と心得よ！

会話中、話し相手が手を鼻にもっていくことがある。鼻を指でこすったり、鼻をつまんだり、鼻の下に指をもっていったりするのだが、そういうしぐさには、相手の本心が表れていることがある。

人の話を聞いて「えっ？」と疑問に思うと、鼻をピクンと動かしたり、鼻筋にしわをつくるといった反応が表れやすくなる。鼻がムズムズして、鼻にさわりたいような衝動にかられる人もいる。話を聞きながら、鼻に手をもっていく人には、そうした現象が起きているのだ。

したがって、あなたの話を聞いている人が、鼻に手をもっていったときは、あなたの話を「本当なの？」と疑っている可能性が高い。また、あなたに不快感をもっていたり、拒絶しているときも、鼻がムズムズするので、鼻に手をもっていくことがある。

ビジネスの席で、相手がしきりに鼻をさわるようなら、その商談は難航することだろう。改めて、戦略を練り直したほうがいいかもしれない。

議論中、あごに手をやるのは「守り」に入った証拠

会議などで議論が熱中すると、無意識のうちに、いろいろなしぐさが現れやすくなる。

そうしたしぐさには、出席者の心理状態がよく表れている。たとえば議論の相手が、自分のあごに手をやるようになれば、「これはヤバイ」と思いはじめているシグナルである。心理学では、人があごに手をやり、あごを支えるようにするのは、「防御」のサインと考える。相手の発言による攻撃から自分を守ったり、自分が誤った発言をしないようにと慎重になっているときに、このしぐさが現れやすい。

プロ野球の試合でも、相手の攻撃に追い詰められ、投手交代をしようかどうか悩むような場面で、監督や投手コーチがあごに手をやっているところが、テレビに映し出されるものだ。

そこで、会話中の相手が、あごに手をやるようなしぐさをすれば、相手が自分を守ろうとしているサインとみて、その後の対応を考えるといい。交渉事なら一気に攻め込んでもいいし、人間関係を大事にしたい相手なら、相手を責めるような発言をしなかったか考えて、何かしらのフォローをしておくとよい。

人前で時計を触る人は「緊張」を隠そうとしている

人は、ときとして不可解な行動をとるが、腕時計を触るしぐさもその一つ。時間はたっぷりあるというのに、やたらと時計に触りながら話をする人がいるが、あのしぐさはいったい何を意味しているのだろうか？

「時計に触るのだから、やはり時間が気になっているのでは？」と思うかもしれないが、そうとは言い切れないことがある。時計によく触る人は、時計ではなくブレスレットやリストバンドなどをつけているときも、やはり同じようなしぐさを見せるからだ。

じつは、このしぐさで重要なのは、時間ではなく、「腕の位置」である。時計を触ることによって、身体の前で腕が重なり合う。このポーズに意味があるのだ。

イギリスの動物行動学者デズモンド・モリスは、身体の前で腕を横切らせる行動を「身体交差」と呼んだが、時計に触るしぐさは、この身体交差の一種と考えられるのである。

モリスは「身体交差は瞬間的なバリケードで、人目にさらされたり、何かに脅かされたりして緊張しているときによく見られる行動」と説明している。したがって、時計に触るしぐさは、緊張の表れと考えられる。

じっさいに、大勢の人の前でスピーチをしたり、バイトや就職の面接を受けたなど、緊張するシーンでそんなしぐさを見せる人が多いものだ。交際しはじめたばかりの相手が、デートの最中に腕時計をしきりに触っていたら、「早く帰りたいのかな？」と気になるだろうが、相手は単純に緊張しているだけかもしれない。

相手の心理状態がズバリわかる！——つま先の向き

夏の京都は、ひじょうに蒸し暑い。そのため、人々は涼を求めて鴨川べりに集まってくるが、夏の京都名物の一つに「等間隔に座る鴨川べりのカップル」がある。別に目印があるわけではないのに、カップルたちは、測ったように等間隔で並んで座っているのだ。

また、そのカップルの体勢をもう少しよく観察すると、それぞれのつま先やひざが、お互いのほうを向いているカップルが多いはずである。これは、つま先やひざが、関心のあるほうへ向けられる傾向があるためで、互いに好意を抱いている証拠である。

ということは、たとえば、男性のつま先とひざは女性のほうを向いているのに、女性のつま先とひざが反対側を向いていれば、女性がやや逃げ腰と見ることもできる。

このつま先やひざの向きの関係は、ビジネスの世界にも当てはまる。向かい合わせに座ったとき、相手のつま先やひざがこちらを向いていれば、相手も乗り気であることを示す。一方、口ではうまい話をしていても、つま先やひざが別の方向を向いていれば、本心はどうだかわからない。

相手の心理状態がズバリわかる！——肩の動き

「肩入れする」「肩を貸す」「肩をもつ」など、肩にまつわる慣用句は多い。そうした慣用句には、肩から読みとれる心理状態をズバリ表現したものが多い。

たとえば、虚勢を張っていばるさまをいう「肩肘張る」は、両肩を後ろへ引き、肘や胸を張った状態。肩に力が入り、能力以上に頑張っていたり、無理をしていることを示す。また、「肩を怒らす」は、両肩を上げた状態。「怒り肩」という言葉があるように、怒っていると両肩が上がるもの。また、緊張していても、両肩が上がる。一般に、肩が上がっているとき、顔が赤くなれば怒っていて、青ざめていれば緊張しているとみていい。

一方、「肩が落ちている」といえば、気落ちしている状態。この場合は、肩が下がるだけでなく、前かがみになって頭も下がってくる。

「肩で息をする」のは、体力的に弱っている状態。疲れて呼吸が浅くなり、胸式呼吸になっているため、肩が動いているように見えるのだ。

「頭の位置と感情は関連する」ってどこまで本当?

盛り上がらない会議では、その態度から「あいつ、退屈しているな」とわかる人がいるものだ。しかし、大人の常識は、たとえ退屈していても、態度に表さないこと。そのため、出席者の多くは、何とかして退屈をしのいでいるものだが、そんなときでも、頭の位置に注目すると、本人は隠しているつもりの本心が見えてくる。

「頭の位置と感情は関連する」と指摘したのは、心理学者のアイザードで、それを実験で証明したのがブルという心理学者である。

それらの研究によると、人は、聞いている話に興味があるとき、上体を前へ傾けて頭を前へ出し、脚を後ろへひく傾向がある。一方、話に退屈しているときには、頭をどちらかに傾けていることが多いという。また、頭を下げたり、頭を片手で支えているのも、話に興味を失っている証拠。会議の最中、わずかでも、そうした傾向があれば、会議に退屈していると見ることができる。

これだけは覚えておきたい「拒絶のサイン」一覧

学校の授業がつまらないと、消しゴムや鉛筆で遊び始める生徒がいるように、会議や交渉、デートでも、手近な紙に落書きしたり、メガネやネクタイを触りだしたり、携帯電話をいじりだすのは退屈のサインと受け止めたほうがいい。相手は面白くないか、飽き飽きしている可能性が高い。

脚がしきりに動くのも、その場から早く立ち去りたいというサイン。心理的に嫌気がさしていると、その場から動きたいという心理が働き、脚を組んだり、ブラブラさせたり、投げだしたりと、脚の動きに落ち着きがなくなる。

デート相手の女性がしきりに脚を動かすようなら「そろそろ帰ろうか」と声をかけてみよう。ひょっとすると、相手から「どこか、違うところへ行きたいな」と言い出して、思わぬチャンスがころがってくるかもしれない。

握手の仕方から相手の性格を判断するポイント

握手と性格の関係については、昔からいろいろなことが言われてきた。

まず、力強く握る人には、能動的で自信にあふれている人が多く、力のこもらない握手をする人は、内向的で弱気なタイプ。さらに、パーティーなどで、見知らぬ人ともどんどん握手するのは、自己顕示欲が強い人といわれる。

また、握手をしたとき、手が湿っている人もいる。とくに暑いわけでもないのに、手に汗をかいているのは、相手の気持ちが不安定になっていることのサインとみていい。だれもが、映画やスポーツ中継などをみていて、手に汗握るシーンを経験したことがあるだろう。手に汗をかくというのは、気持ちが相当に高ぶっているときに起きる現象なのだ。

かつて、警視庁のベテラン刑事には、取り調べ中に容疑者と握手をする人がいた。まず、取り調べの最初に握手をして、話が核心に迫ると、「まあ、ゆっくりやろうじゃないか」などと言いながら相手の手をとる。初めは乾いていた容疑者の手が汗ばんできているようなら、真犯人と見当がついたという。

といえば、汗腺の興奮状態を計器によって測定するウソ発見器を思い出す人もいるだろう。ビジネスの世界でも、握手したとき、相手の手が汗ばんでいれば、少なくとも相手が不安定な心理状態にあることがわかる。

大笑いすると身体の力が抜けるワケ

大爆笑しているときの人間は、「笑う」という動作のほかは、すべてお留守になってしまい、身体じゅうから力が抜けた状態になってしまう。

ちょっと想像すればわかるが、爆笑しながら重い荷物を運んだり、大笑いしながら全速力で走ることはできない。愛想笑いや冷笑は別として、本当におかしい場面に遭遇すると、人間は笑うことだけに専念してしまうのである。なぜだろうか。

ふだん、人間が何かの動作をするときは、まず脳から神経に命令が下され、その命令を受けた筋肉が手足を動かすという仕組みになっている。手足の曲げ伸ばしといったごく日常的な身体の動きも、脳からの命令によって行われている。

だから、ゴロンと横になっているときでも、身体じゅうの筋肉は脳からの〝指令待ち〟の状態であって、自分ではリラックスしているように感じていても、ある程度は緊張しているものなのだ。ところが、大笑いをすると、脳からの指令待ちの状態が一時的に解かれる。すると、全身の緊張が解けて、手足はもちろん、肩や腰、腹にも力が入らなくなってしまうのだ。

「足がすくんで動けなくなる状態」はなぜ起きる？

道路を曲がったとたん、前から猛スピードで自転車が走ってくるのが見えた。

「あっ、危ない！」と思ったときには身体が硬直して動けずに、ガシャーン。こんな経験はないだろうか。

一刻を争う危険にさらされたときは、逃げるなり身体をかわすなりの行動をすぐに起こさなければならない。ところが、ふだんは身軽な人でも、そんなときに限って身体がフリーズし、思うように動けなくなってしまう。

「いや、そんなことはない、自分はすぐに逃げ出せる」という人がいるかもしれないが、よほどの訓練を受けている人は別として、それは過信というものだ。

実際、上から物体が落ちてきたときの人間の行動を調べた実験では、大学生の男女およそ二〇人のうち、落下物を避けられた人は、たったの五人しかいなかった。内訳は男性四人、女性一人である。残りの約八割の人は、とっさのことに身体が硬直して動けなくなったのだ。

ふだん、人間は、感覚器官を通して情報を集め、その情報を脳で処理してから行動を起こしている。しかし、突発的なアクシデントでは、情報処理にかけられる時間が短すぎて、その処理が間に合わなくなる。そんなときは立ち尽くすことになってしまうのである。

緊張するとトイレに行きたくなる身体の「仕組み」

発表会で舞台に立つ直前とか、大切な試験が始まる直前など、緊張しているときに、急に尿意をもよおした経験はないだろうか。家を出てくるときにちゃんとすませたのに、緊張が高まるにつれて、頻繁にトイレに行きたくなってしまうという現象だ。

ところが、いざトイレに駆け込んでみると、チョロチョロとしか出なかったりするからよくわからない。心の緊張と尿意には関係があるのだろうか。

人間の膀胱《ぼうこう》は、個人差はあるが、通常一五〇㎖ほどたまると軽い尿意を感じ、二五〇㎖ほどたまると本格的な尿意を感じるようになる。

膀胱に尿がたまると膀胱の壁が伸び、その刺激が大脳に伝えられて、「尿意」を認識するという仕組みである。

それでも、膀胱の容量は、一般に四〇〇～五〇〇㎖程度はあるので、量が少ないうちは、大脳は「まだ容量内なので我慢できる。大丈夫」と判断して、多少の尿意は抑え込むことができる。

つまり、尿意は、大脳によってコントロールされているわけだが、逆に大脳が興奮すると、反射的に膀胱が収縮して、尿がたまっていないのに、尿意が起きることがある。

緊張状態のときに尿意をもよおすのは、この大脳の興奮によるものである。

なお、過度に尿意を気にすると、少し膀胱に尿がたまっただけでも尿意を感じるという悪循環を招き、ひどい人は「神経性頻尿」と診断される場合もある。いずれにせよ、事前にトイレをすませておけば、漏らすほどの尿が短時間にたまることはない。あまり気にしすぎないことだ。

怖い思いをすると、顔が真っ青になるのはなぜ？

人間は恐怖にさらされると、顔からスーッと血の気が引いて真っ青になる。本当に恐ろしい目に遭ったときは、声をあげることもままならず、次にどういう行動をとるべきかを、冷静に考えられなくなる。

ところが、その一方で、身体のほうはそれなりに臨戦態勢に入る。顔から血の気が引き、青くなるのも、じつはすぐに次のアクションを起こせるよう、準備を整えるためといえる。

恐怖にさらされたとき、人間の身体では、意思とは無関係に、交感神経が優位に働いて、身体の筋肉が緊張する。すると、血管が細くなって血液が流れにくくなる。血流が乏しくなるため、顔から赤味が消え、青ざめて見えるのだ。

また、緊張しているときは、唾液の分泌量も少なくなる。結婚式のスピーチを頼まれた人が、席を立つ前から、盛んに水を飲んでノドを潤していることがあるのは、自分の意思とは無関係に、唾液の分泌が制限されるためだ。

恐怖を感じたときだけではなく、悲しいときや驚いたとき、ピンチのときも、身体は同様の反応を起こす。仕事で取り返しのつかないミスをしてしまったときのことを想像するといい。

手のひらや背中にイヤな汗をかき、心臓はバクバクして、唾液の分泌が止まり、顔が青くなるはずだ。それらは、身体が次の行動にそなえて、臨戦態勢に入った証拠なのである。

そもそもなぜ男は身体を鍛えたがるのか

男性には、ムキムキの筋肉をつけようと、身体を鍛える人がいる。彼らは、とくに胸や腕の筋肉を鍛え、男らしく見せたいと思うのだが、そこには大きな勘違いがある。ムキムキの筋肉マンは、男から見れば男らしい魅力があるように見えても、女性からはそうは見えないことだ。

筋肉をやたらと鍛えようとする男性は、男性が考える「性役割ステレオタイプ」に素直に従っているともいえる。性役割ステレオタイプとは、男とはこうあるべき、女とはこうあるべきと期待するイメージのことである。

ただ、同じ男性像であっても、男性と女性では期待する像が異なっている。男性の考える自らの性役割ステレオタイプは、女性はこんな男に憧れるだろうと見当をつけたものだが、実際はそうではない。

あるアンケートによれば、男性は、二一％の人がたくましい胸に女性の賞賛が集まると考えているが、それが賞賛に値すると思う女性は一％にすぎなかった。たくましい腕に関しては、一八％の男性が女性の賞賛を受けると思っているのに対して、実際の女性の賞賛はなんと〇％。ペニスの大きさにしろ、一五％の男性が重要と考えているものの、女性は二％しか重要と感じていない。

女性は体型に関しては、細く締まったタイプの男性を好むのだが、男性は自らが認めるムキムキ型の性役割ステレオタイプにこだわりがち。というわけで、女性にモテたいと思ってボディビルに励むのは、ほぼ空回りの努力といえるのだ。

寝不足が極限までいくと心理状態はどうなる？

睡眠欲求が満たされていないと、人は神経過敏となり、怒りっぽくなる。その状態が続くと、肉体は大丈夫でも、脳がくたびれてくる。脳は休みたいのに休ませてもらえず、疲労を回復できない。それが、精神面での異常となって現れてくる。

実験によれば、異常が顕著となるのは、徹夜三日目くらいからである。そのとき、すでに自分の意思のみで起きていることは不可能になっている。なんらかの強制がないことには、起きてはいられない。神経は異常に過敏となり、怒りっぽくなるうえに、幻覚や錯覚を体験し始める。徹夜四日目にもなれば、まともな判断ができなくなり、体験したことを記憶できないこともある。

もちろん、睡眠については個人差が大きい。自分に必要な睡眠時間を削られるだけでも、脳には疲労が残り、精神面に影響が現れやすい。

悲しいから泣くのか、泣くから悲しくなるのか

普通、人が泣くのは、悲しいことがあったときと思われている。しかし、その反対に、人は泣くから悲しくなるという説もある。

それは「ジェームズ―ランゲ説」と呼ばれる古典的な説で、アメリカの心理学者

ジェームズと、デンマークの生物学者ランゲによって、それぞれ別に唱えられたことから、この名がついた。

人が泣くときには、内臓や筋肉、血管などにさまざまな変化が生じる。そうした変化は、悲しいという情動の結果なのか、それとも原因なのかを、彼らは考えた。

心理学者のジェームズによれば、悲しみの原因となるものを知覚することで、まずは内臓や筋肉に変化が起きる。そこから、泣くという身体的変化が生まれ、その変化を体験することで、悲しみという情動が生まれると、彼は考えた。ジェームズは「悲しいから泣くのではなく、むしろ泣くから悲しくなるのだ」という説を提唱したのである。

一方、生物学者のランゲは、血管運動における変化から、情動が引き起こされると考えた。血管運動の変化は、泣くという変化を伴い、その変化を経て、初めて悲しみを覚えるという点で、ジェームズ説と同じである。

現代では、ジェームズ—ランゲ説に対する反論も少なくないが、人間心理の謎を解く一つの見方であることはたしかだ。

同じ時間を長く感じたり、短く感じたりする理由

そのときの心理状態によって、時間を長く感じたり、短く感じたりするものである。

時間の経過については、こんな実験がある。被験者の子どもに、パリの街を写した写真をカラースライドにして見せる。そのとき、同じ時間内で見せる枚数を変えた場合、枚数によって、時間の感覚がどのように変わるのかを調べるというものだ。その結果、スライドの枚数が多くなると、時間が長く感じられるということがわかった。

つまり、初めて通る道は、あれこれ注意しながら歩くため、多数の風景スライドを見るのと同じようなことになり、時間を長く感じる。ところが、帰り道は、一度見た風景が繰り返されるわけだから、〝風景スライド〟の枚数は減る。したがって、時間を短く感じるのである。

年をとると時間の経過が早くなるのも、同様の理由からである。年をとると、生

活に変化が乏しくなり、目にする新しい〝風景スライド〟の枚数が減ってくる。つまり、一年があっという間に過ぎるのは、人生経験を積んだぶん、刺激を受けなくなるからなのだ。

得意になっていると、鼻の穴が膨らんでしまうのは？

「目は口ほどにものを言う」と言われるが、目と同じくらい雄弁に感情を物語るパーツがある。鼻の穴である。たとえば、人からほめられたとき、自分ではクールな表情ですましているつもりでも、知らず知らずのうちに、鼻の穴が膨らんでいることがある。また、嘘をつくと鼻の穴が膨らむクセのある人や、怒りで興奮したときに鼻の穴が大きく広がる人もいる。不思議なのは、自分では意識しないのに、勝手に鼻の穴が膨らんでしまうことだ。なぜだろうか。

やる気になったり、悲しくなったり、または自信満々になるなど、心に何らかの感情が生じると、その情動は全身にめぐらされている自律神経を通じて、身体の各器官にさまざまな影響を及ぼす。

そのとき、鼻がどのように変化するかというと、まず鼻の血管につながっている副交感神経が刺激されて、血管が充血する。すると、血管が広がったぶん、空気を吸い込む鼻の穴が狭くなる。その状態では空気が取り込みにくいので、無意識のうちに鼻をフンッと大きく開く。というわけで、鼻の穴が膨らんでしまうのである。

催眠術ってそもそもどういう現象？

人に催眠術をかけるシーンを見たことがあるだろうか。いかにも不思議な現象だが、「催眠術にかかる」とは、一体どういう状態なのだろう。

催眠状態は、ひと言で言うと、起きていないが寝てもいない状態のこと。人間は完全に眠ると、周囲の話し声が聞こえなくなるが、催眠状態では、催眠術をかける人の声が聞こえている。催眠状態は、催眠術をかける側が人工的につくりだすものので、かけられたほうは心身ともにリラックスしている。その状態だと、スッと暗示にかかりやすくなるのだ。

人の暗示に、そう簡単にかかるのかと疑問に思う人も多いだろうが、一緒にいる人のあくびにつられて、眠くもないのにあくびをしてしまった経験はないだろうか。じつは、それも一種の暗示といえる。人間は、意外にふだん数多くの暗示にかかっているのである。

こんな実験もある。教師が授業中に一本のビンを取り出し、「このビンのふたをあけると、臭いガスが出る。においを感じたら手を挙げてください」と指示したところ、教壇に近いほうから、パラパラと手が挙がり始め、ついには教室の全員が手を挙げた。むろん、それは暗示効果の実験であって、臭いガスなど出ていなかったにもかかわらずである。とはいえ、短時間で大勢の人を倒れさせたり、遠いところにいる人に催眠術をかけるのは、眉つばだろう。精神治療の一つとして行われる「催眠療法」でも、患者とセラピストの信頼関係が大切であり、誰でもあっという間に催眠術にかかるわけではない。

コラム３　精神分析は、大人の基本教養です！

◆フロイトが発見した「無意識」って一体何？

この章では、ジグムント・フロイト（一八五六～一九三九年）が創唱した精神分析理論を中心に、人の心の構造と謎に迫ってみよう。

精神分析で、もっとも重要なキーワードは「無意識」である。

精神分析の創始者であるフロイトは、人の心を氷山にたとえ、「意識」として現れているのはほんの一部で、大部分は意識下に隠れていると考えた。その前提に立って、「無意識」についての研究を重ね、じつは「無意識」は「意識」よりも重要な存在で、それが人間を動かすもととなっていると確信した。フロイトの業績の中でも、この「無意識」の発見が最大の功績とされている。

フロイトは、まず人間の心を「意識」「前意識《ぜんいしき》」「無意識」の三つの層に分けた。この考え方は「局所論」と呼ばれている。

「意識」は、自分が見たり、聞いたりしている層である。

「前意識」は、ふだんは意識されないが、思い出そうとすると思い出すことができる層である。たとえば、たまたまテレビで昔のアニメ番組を見て、小学生のころ、そのキャラクターグッズを大切に保管していたことを思い出したら、その思い出は「前意識」にあったということになる。

一方、「無意識」は、思い出そうとしても思い出せない心の奥底の層のことで、過去の抑圧された記憶や感情、本能などで構成されている。たとえば、過去の悲惨な体験によって負った心の傷（トラウマ）は、本人が忘れたと思っていても、「無意識」の中に眠り続けている。

そして、「無意識」は「意識」に対して影響を与え続け、その人の感じ方や考え方、価値観の歪みなどを通して現れると、フロイトは考えた。

具体的には、本人も、思い当たる理由がないのに、会社に行く気がしないときは、「無意識」の中に、自分でも気づかない会社に対する否定的な気持ちがあるというようなことである。

無意識の内容は、自分では知ることができないが、フロイトは、精神的な諸症状や夢などによって観察したり、推測することができると考えた。その方法論として、フロイトが提唱したのが、思いつくままにさまざまな言葉や気持ちを連想して挙げ、その中に無意識の断片を探す「自由連想」や、睡眠中に見た夢からそれを探す「夢分析」などである。

◆フロイトは心の構造をどうとらえていた？

フロイトは、人間の心は意識、前意識、無意識の三層からなると考えたが、のちにこの「局所論」を発展させ、「心的構造論」に行き着いた。「心的構造論」は、「エス」「自我」「超自我」という人間の心の働きを表す概念を用いて、それらの相互関係を説明したものである。

まず「エス」は、心のいちばん奥底にあるもので、本能的エネルギーの源であり、心の活動や行動力の源である。いつも自らの欲求を満たすことだけを考え、快だけを求める「快楽原則」に従っている。具体的にいえば、「お腹が空いたので何か食べたい」「エッチしたい」といったストレートな欲求の源である。

次に「自我」とは、簡単にいえば、自分自身のことである。「自我」は、現実社会に適応するため、「エス」を変化させたものということができる。「快楽原則」に従って単に欲求を満たすだけでなく、「自我」は、欲望を我慢し、現実に合った方法で自らを満足させることができる。フロイトは、そうした作用を「現実原則」と呼んだ。

「超自我」は、両親のしつけや学校教育などから道徳的な影響を受けた結果、形成されたもので、良心や道徳心ともいえる。理想や道徳を志向して、エスの本能的な衝動や攻撃欲求を抑える。たとえば、「超自我」は、「自我」に対して行動の規範を突きつけ、「自我」が従わなければ、「自我」を罰することもある。その一方、この「超自我」によって劣等感や罪の意識が生まれ、緊張と不安の原因となると、フロイトは考えた。

◆結局、「夢」にはどんな心理が隠されている？

人は、悪夢にうなされたり、「なぜ、こんな夢を見たのだろう」と不思議に思うことがある。睡眠中に見た夢の意味を読み取ろうとする試みは、古代から行われてきたが、それらの多くは、夢を何かの予兆と受け止めたり、神によるお告げと考え、そのメッセージの意味を探るものだった。

それに対して、フロイトは、夢は人間の無意識を映し出していると考えた。それを発見するきっかけとなったのが、フロイト自身の見た「イルマの注射の夢」である。

その夢の中で、イルマはフロイトの患者であり、伝染病にかかっていた。その病気の原因となったのは友人のオットーで、彼が消毒していない注射器を使ったせいで感染していた。

ところが、現実には、イルマはフロイトの患者ではあったが、伝染病患者ではなく、ヒステリー患者で、その治療はうまくいっていなかった。それに対し、友人のオットーがフロイトの治療法を批判する言葉を漏らしていた。

こうした夢と現実の関係から、フロイトは、患者を治せないという責任を回避したいという自分自身の願望、さらにオットーに仕返しをしたいという願望が、この夢に反映されていると考えたのだった。フロイトは、こうした自分自身の体験も含めた多くの夢の例から、夢は無意識の層にある願望を反映するものと考えた。

そこで、フロイトは、夢の内容を「夢の顕在内容」、その夢に隠されているものを「夢の潜在思想」と名づけ、夢の顕在内容から、夢の潜在思想を見いだすことを「夢の解釈」と呼んだ。

◆大人が見る夢は「歪曲」されている!?

五歳ぐらいまでの子どもの夢には、残念な気持ちや満たされなかった願望が、ストレートな形で現れることが多い。たとえば、三輪車で遊びたかったのに、雨が降ってかなわなかった日には、三輪車で走り回って楽しかったという夢を見たりする。

ところが、フロイトによれば、大人の見る夢には、願望がそのまま現れるケースは少ないという。「夢の潜在思想」が歪んで曲がり、形を変えて登場してくる。そうした夢の「歪曲《わいきょく》」は、五歳～八歳ぐらいに始まると、フロイトは指摘した。

では、なぜ、大人の見る夢は歪曲されるのだろうか。フロイトは、これを夢の潜在思想に対して「検閲」が働き、それによって「夢の作業」が起こる結果だと考えた。「検閲」とは、夢を見る本人にとって、夢の潜在思想をそのまま認めることは都合が悪いため、それが顕在内容に現れないように働くものである。この「検閲」の結果、潜在思想のある要素を別のものに置き換えたり、ぼやかしたり、削除したりする「夢の作業」が行われると、フロイトは考えた。

フロイトによれば、この「夢の作業」には、次の四つがあるという。

第一の作業は「圧縮」である。圧縮とは、いくつかの共通点を持つ潜在思想の要素が混ざって一つになることで、たとえば、夢の登場人物には、親や友人などさまざまな人物の要素が混ざっていることがあるが、そういう夢の現れ方が圧縮である。

第二の作業は「移動」である。潜在思想のある要素が、ほど遠いものに変わったり、別のものに変わっていることである。たとえば、主役は母親であるはずなのに、友人が主役になっている場合などがある。

第三の作業は、「翻訳」である。潜在思想を視覚像（映像）に「翻訳」する操作で、具体的に表すことが難しい要素が映像として置き換わることである。たとえば、自分に迷いがあるとき、迷路に入り込む夢を見ることがあるのは、この例である。

第四の作業は「二次的加工」である。これは、第一から第三までの作業の結果を組み合わせ、全体の調和のとれた夢をつくる作業である。

フロイトによれば、大人の見る夢は、これらの作業によって潜在思想が歪曲され、歪んだ形で顕在内容として現れるという。

◆夢に出てきたモノは何を象徴している？

フロイトによると、夢とは基本的に、満たされない願望の反映である。しかし、大人になると、前述したように、願望がそのまま夢に現れることはまれで、本人にとって都合の悪いことを抑えるための「検閲」が働いて、圧縮、移動、翻訳などの「夢の作業」が行われ、心の無意識の層にある「夢の潜在思想」が歪曲されて、「夢の顕在内容」に変わると、フロイトは考えた。

さらに、フロイトは、夢の潜在思想が歪められる過程で、その要素が、夢の中で特定の要素に置き換わることがあると指摘した。彼は、その現象を「象徴化」、本来の要素と置き換わった要素の関係を「象徴関係」と呼び、具体的にいくつかの例を挙げている。

たとえば、「張り出し部分やバルコニーのついている家」は女性の象徴化であり、「小動物」や「害虫」は子どもの象徴化。「水と関係するもの」は出産、「旅立ち」や「汽車旅行」は死である。

また、「ステッキ」や「傘」「槍」「蛇口」「じょうろ」「鉛筆」「爬虫類」は男性器、「気球」「飛行機」「飛行」は勃起、「ネクタイ」「部屋を開くカギ」は男性を表す。

さらに、「くぼみ」や「箱」「礼拝堂」「宝石箱」「靴」「スリッパ」「庭」などは女性器の象徴であり、「戸棚」「炉」「部屋」は「子宮」を表す。「りんご」「桃」「くだもの」は乳房で「森」「藪」は陰毛。「滑走」「滑降」「枝を引き裂く」はオナニー、「ダンス」や「乗馬」「山登り」「坂」「階段をのぼる」は性交がシンボル化したもの――ととらえた。

こうして見ると、フロイトの挙げた例の多くは性的なものに結びついているが、これは彼自身の治療体験に基づいている。

彼は、不安ヒステリーの治療を専門にしていたが、女性患者の多くが、催眠や発作による無意識状態の中で、性的な言動をとることを目撃していた。そこから、フロイトは、「リビドー（性的衝動を発動させる力）」を無意識の中の最大パワーととらえたのだ。

◆男の子が抱く「エディプス・コンプレックス」とは？

三歳〜四歳の子どもは性の区別を理解し、やがて男の子は母親、女の子は父親に性的関心を抱くようになる。

たとえば、幼稚園児の男の子が、「大きくなったらママと結婚する」とか、「レイちゃんと結婚したら、ママと一緒にいられないから寂しい」と言ったりして、母親を喜ばせることがあるが、これは母親に性的関心を示している証拠である。

さらに、フロイトによると、自我が発達中の男の子は、母親を独占したいと思うようになる。

その一方で、母親が異性として受け入れている父親の存在に気づき、自分自身を父親と同一化しようとする。

その後、自我がさらに発達すると、父親を競争相手や敵と思うようになり、いったん父親と同一化した自我と、父親を敵視する自我の間で葛藤するようになる。

そのとき、男の子は、父親に去勢されるのではないかという不安（去勢不安）から、近親相姦的欲望を抑え、彼の自我はしだいに葛藤を脱していく。

そして、かつて父親に同一化していた自我の成分を無意識下に置くことで、男の子の心理は発達していくという。

このように、母親を確保するため、父親に対して対抗心を抱く心理状態のことを「エディプス・コンプレックス」と呼ぶ。その名称は、ギリシア悲劇の一つ「オイディプス（エディプス王）」に由来する。そのストーリーを紹介すると――。

古代ギリシアのテバイ王ライオスと王妃イオカステの間に、男の子が生まれた。しかし、「この子は、将来父親を殺すだろう」という神託が下り、赤ん坊は山中に捨てられることとなった。だが、その子をかわいそうに思った従者から羊飼いの手に渡り、他国に連れていかれて預けられた。その子は「エディプス」と名づけられ、出生の秘密を知らされないままに育てられた。

エディプスは成人すると旅に出て、途中、馬車と出会ったとき、従者から道をあけるように命じられたことに腹を立て、馬車の主を殺してしまう。その馬車の主が、じつは本当の父親ライオス王だった。

その後、エディプスがテバイを訪れると、スフィンクスの問いに答えた褒美《ほうび》として、国王の地位を与えられ、その国の王妃を妻とする。ところが、その王妃とは、自分の母親であるイオカステだった。のちに、父親殺しと母親との近親相姦という二つの罪を知らされたエディプスは、自ら両目をくりぬき、放浪の旅に出る――。

フロイトは、この悲劇に描かれたような、父を殺して母と結婚したいという根源的な願望が、人間の無意識には潜んでいて、それが道徳や宗教にまで影響を与えていると考えた。

もっとも、現在では、このフロイト説には批判も多いが、空想と現実のギャップが何らかの葛藤を生み、心にひずみを生じる原因になることを説明した点では、画期的な発見と評価されている。

◆女の子が抱く「エレクトラ・コンプレックス」とは？

女の子も、幼いうちは、「大きくなったらパパのお嫁さんになる」などと、父親にとってはうれしいことを言うものだ。ところが、成長するとともに、父親から遠ざかるようになり、思春期になると、父親とほとんど話をしなくなる子も出てくるし、「臭い」「ウザイ」などと露骨に嫌がる子も現れる。

成長した娘が父親を避けるのは、むしろ健全に成長している証拠といえる。女の子も、男の子と同様、二、三歳になって性別の区別ができるようになると、父親を異性として意識し始める。そして、同性の母親を父親をめぐるライバルと考えるようになる。女の子は、そうした時期を経験し、その後、脱することで、心理的に成長していく。

しかし、思春期を迎えても、まだ恋人のように父親を慕っている娘は、その後も、対人関係や異性関係において、さまざまな問題を起こしやすい。ユングは、父親との関係で心理的にうまく成長できなかった娘の状態を、フロイトが指摘した男性の「エディプス・コンプレックス」と区別して、「エレクトラ・コンプレックス」と名づけた。ユングは初めはフロイトに学び、のちにフロイトの説を批判し、独自の分析心理学を創始した精神医学者だ。

さて、このエレクトラ・コンプレックスという名称は、やはりギリシア悲劇に由来する。エレクトラの母親は、恋人とともに夫を殺害する。愛する父親を殺されたエレクトラは、母親を激しく憎む。そして、幼い弟に母親に対する憎悪を吹き込み続け、ついに弟が母親を殺すという物語である。

ユングは、この物語の中で、殺人を実行させたのは、エレクトラの母親に対する憎悪だが、その背後には父親に対する強烈な思慕があったと考えた。つまり、エレクトラは、近親相姦的な衝動に突き動かされて、母親を憎むようになったと考えたのである。

◆兄弟が抱く「カイン・コンプレックス」とは？

『旧約聖書』に、人類最初の殺人とされる「カインの殺人」というエピソードがある。

エデンの園から追放されたアダムとイブの子孫であるカインは、地を耕す者となり、弟のアベルは家畜を扱うようになった。そして、カインは地の実を、アベルは家畜の初子をそれぞれ神に捧げたが、神が受け取ったのは家畜の初子だけだった。

カインは、神が弟のアベルだけを愛し、自分を愛していないことを知る。そして、弟への激しい嫉妬から、アベルの頭を石で打って殺してしまう。殺人を犯したカインは、神から、お前の耕す地には永遠に実がならず、その子孫も同じ苦しみを味わい続けると宣告される。

ユングは、この『旧約聖書』のエピソードにちなんで、兄弟間における憎しみや敵意、嫉妬心の現れを「カイン・コンプレックス」と呼んだ。

さらに、ユングによれば、兄弟が親から差別的に愛情を受けた場合、それによって苦しんだ原体験は、兄弟関係ばかりか、関連する人たちにまで投影されていくという。たとえば、差別的な愛情を受けた者は、兄弟だけでなく、同じ世代の先輩や同僚、部下に対しても、子ども時代の憎悪を再燃させることがあると指摘している。

スティーブン・キング原作のアメリカ映画『スタンド・バイ・ミー』も、この「カイン・コンプレックス」をモチーフとした作品だった。

主人公の少年（キング自身がモデルと見られる）の兄は、フットボールの花形選手だった。父親は、将来有望な兄を愛し、妄想癖があって本ばかり読んでいる主人公の少年をうとんじていた。ところが、兄は突然、事故で死んでしまう。その葬式で、主人公の少年は、父から「お前が死ねばよかったのだ」という言葉を投げつけられる。以来、少年は、その言葉が頭から離れず、毎晩のようにうなされる。

兄弟のどちらかが、親から愛情の差別を受けると、うとんじられた者は、一生苦しまなければならないほどの深刻な心の傷を負い、やがて愛されたほうの兄弟を怨むようになるというメカニズムが働くと、ユングは考えたのだ。

◆「言い間違い」「読み間違い」に表れる隠された本音

誰でも、ふだんの生活の中で、言い間違えたり、書き間違えたり、読み間違えたり、聞き間違えたり、度忘れすることがある。フロイトは、そうした単純な間違いを「錯誤行為」と呼び、その裏には何らかの意味や意図が隠されていると考えた。

まずフロイトは、神経症患者の治療を進める中、錯誤行為というありふれた現象に着目。その裏に潜む意味を見いだすことによって、「無意識」を発見する手がかりをつかもうとした。そして、研究の結果、錯誤行為の起こる条件として、次の三つを挙げている。

一つは、その人に不快感があり、疲れているとき。二つ目は、逆上しているようなとき。三つ目は、注意がほかのことに強く向けられているときである。

また、フロイトは、上記の三つの条件以外でも、自分の言おうとしていたことと正反対のことを言ってしまう言い間違いも、例として取り上げている。

フロイトの時代、ドイツ国会で会議を開くとき、議長が「諸君、私は議員諸氏の出席を確認しましたので、ここに閉会を宣言いたします」と発言したことがあった。議長が、「開会」と言うところを「閉会」と言ったのは、本音では議会を早く閉会したいと考えていたからだろうと、フロイトは考えた。

さらに、鼻腔についての講義を終えた解剖学の教授が、学生たちに「鼻腔のことがよくわかる人は、一〇〇万人の市民のいる大都会でも、ただの一本の指…。いや、失礼。五本の指で数えられるほどしかいないのです」と言った。これは、鼻腔のことがわかるのは自分だけだと言いたかったのだと、フロイトは解釈した。

こうして、フロイトは、日常の単なる間違いにも意味があることを初めて指摘したのである。そして、そこに働くメカニズムを明らかにすることが、神経症発生の原因解明に大きくかかわると考えた。

◆ナルシストはどうやって生まれるのか？

鏡に映った自分の姿を見て、うっとりしているような人を「ナルシスト」、そういう性癖を「ナルシシズム」と呼ぶ。一般に、日本語では「自己愛」「自己陶酔《とうすい》」と訳されるが、ナルシシズムを単純に「自分自身を愛すること」や「プライドの高いこと」ととらえると、正確な意味を理解しにくくなる。

フロイトは、ナルシシズムを「リビドーが外部の対象に向かわず、自我に向かう状態」と定義し、誰でも子どものころにはその傾向を持っていると考えた。

まず、生後六カ月ごろから六歳ごろまでは、一次性のナルシシズムと呼ばれ、自分が世界の中心にいると感じている。親のことを恐るべき力を持つ存在とは思っているが、その力は子ども（自分）を守るためだけに存在しているとも思っている。

そのナルシシズムは、発達期特有の身体の痛みや恐怖から自己を守るための防衛現象とされている。

そして、この一次性のナルシシズムは、成長とともに現実に置き換えられていくが、その過程で、何らかの理由で心が深く傷つけられたり、心の成長を親にうまく助けてもらえないと、心が健全に発達しなくなる。とくに、親をはじめ、自分にとって重要な人物に幻滅すると、思春期以後の二次性ナルシシズムにつながりやすいといわれる。

二次性ナルシシズムは、自己への陶酔と執着が、他者の排除に結びつきやすいという特徴を持つ。具体的には、自分の自尊心を満足させるため、周囲の注目を集めようとしたり、自慢をしたりする。また、他人の感情に鈍感だったり、他人に依存しやすいなどの特徴が現れる。

ちなみに、「ナルシシズム」という言葉は、ギリシア神話に登場する美少年ナルシスに由来する。ナルシスが森の泉の水を飲もうとすると、水面に自分の美しい姿が映っていた。その美しさに水の精だと思って恋をするが、話しかけても何の反応もない。そのかなわない恋のため、ナルシスは食べることも、眠ることもできなくなり、衰弱死してしまうという物語である。

◆「人はみな仮面（ペルソナ）をつけて生きている」の根拠

本当は、熱烈な阪神タイガースファンなのに、取引先の巨人ファンの前では、その素顔を隠している人がいる。そればかりか、巨人が負けた翌日は、心の中で「バンザイ」を叫んでいるはずなのに、取引先では「残念でしたねぇ」、「惜しかったですねぇ」などと、相手の表情をうかがいながら話している。

そういう営業マンに限らず、人は誰でも、他人に見せるための「よそいきの顔」を用意しているものだ。

さっきまで目覚めが悪く不機嫌だったのに、スーツをピシッと着込むとさっそうと歩き始めるOLもいれば、家では厳格な父親なのに、会社では仏と呼ばれるほど優しい上司もいる。家の中では子どもを虐待しているのに、外では子煩悩ぶりを装っている親もいれば、汚職しているのに、テレビでは天下国家を得意げに論じる政治家もいる。

ユングは、そのようによそいきの顔を持つ心理現象を「ペルソナ」と呼んだ。ペルソナは、もとはギリシアの古典劇で使われた仮面のことであり、ユングは「人はみな仮面をつけて生きている」という意味を込めて、そう名づけたのである。

では、なぜ人がペルソナをつけるかというと、ユングは二つの理由を挙げている。

一つは、ペルソナをかぶって素顔を隠すことで、社会生活での対人関係に適度な距離を保つためだという。たとえば、冒頭の阪神ファンは、取引先の巨人ファンの前で素顔を隠すほうが仕事がうまくいき、人間関係がうまくいくと考え、そのように行動している。

もう一つの理由は、より積極的な自己防衛のためだという。たとえば、家庭で子どもを虐待している人は、その事実を隠すため、外ではことさら子煩悩を装う。また、仕事のミスで顧客から怒られたときは、意図的にバカ丁寧に謝ったほうが、頭を下げるのも仕事上やむをえないと正当化できるので、プライドが傷つかないですむ。

ただし、「よそいきの顔＝ペルソナ」が、自宅に帰っても取れなくなってしまうと、よそいきの顔が自分そのものになる可能性がある。それは、アイデンティティの喪失につながり、生活や精神状態に悪影響の出る恐れが大きいという。

◆満たされないと人格が歪む「リビドー」の謎

たとえば、同じように太陽を見ても、「まぶしくて暑いな」と思うこともあれば、「さあ、やるぞー」という気持ちになることもある。あるいは、ほとんど何も感じず、ほかのことに意識がいくこともある。

それらの反応は、心がどう動くかによって決まるが、フロイトは、心を動かすものは物理的なエネルギーではなく、心にはそれ用のエネルギーが存在すると考え、その心特有のエネルギーを「リビドー」と呼んだ。「リビドー」は、ラテン語で「欲望」のことである。

もちろん、それは物理的に実在するものではなく、仮想的なエネルギーにすぎないが、リビドーの存在を仮定すれば、人間の行動を説明しやすくなるとフロイトは考えたのである。

リビドーは、すべての行動の源泉という言い方もできる。人には、物欲、出世欲、名誉欲、成功欲など、さまざまな欲があるが、それらのすべての欲は、リビドーが仮の姿をとったものであり、リビドーの根源の一つは性欲だと、フロイトは考えた。

そして、フロイトは、性欲は年齢に応じてその対象を変えていき、性欲がそれぞれの年齢において満たされるかどうかが、人格形成にさまざまな影響を及ぼすと指摘した。

まず、フロイトは子ども時代を四つに分けて考えた。

唇から得る快楽が中心の「口唇期（生後六カ月〜二歳ぐらいまで）」に始まり、トイレ・トレーニングが始まって、意識が唇から肛門へ移る「肛門期（二歳～四歳ぐらいまで）」。トイレ・トレーニングの終わったあとで、男児は男根を持つことを誇る「男根期（幼稚園の時期）」、そして、社会的なルールを覚えるなかで、本能的な欲求を抑え、潜在化させる「潜在期（小学校に入ったくらいの時期）」の四期である。

さらに、人格形成への影響については、口唇期に乳離れが早すぎて、口唇への刺激が少なかった場合は、悲劇的で不信感に満ち、皮肉屋で攻撃的な性格になりやすい。反対に、乳離れが遅く、口唇への刺激が多すぎると、成人後にタバコやアルコール摂取が多くなったり、爪をかむ癖が出やすいという。

また、肛門期に、規則的にトイレに行くことばかりを強要されると、極度に時間に正確だったり、反対につねに遅刻するようになる。清潔さを強調しすぎると、強迫観念的な性格になったり、反対にだらしない人間になったりしやすいという。

男根期は、異性の親を性的な対象とする時期でもあるので、欲望に執着しすぎたり、満たされないと、エディプス・コンプレックスやエレクトラ・コンプレックスに陥りやすい。そして、潜在期に性欲が満足させられなければ、男らしさ女らしさがはっきりしにくくなるという。

リビドーは、性的感情の出てくる思春期にもっとも増大する。この時期に、異性との感情交流がうまくいかないと、その後の人格形成に大きく影響することは、フロイトの説を引くまでもなく、よく知られていることだろう。

◆出世街道を脱落した人が趣味に没頭するのはなぜ?

フロイトの患者の一人に、エリザベートという女性がいた。ひそかに義兄に恋していたところ、自分の姉である義兄の妻が亡くなった。すると、彼女は義兄との結婚を願うようになる。

ところが、彼女の道徳観では、そう考えることすら耐えがたいことだった。そこで、結婚願望を忘れようとしたが、やがて足が痛みだし、歩くことさえできなくなった。義兄との結婚願望と、それに対する罪悪感との板ばさみになって苦しむうち、足の痛みという身体的な症状が現れたのだった。

彼女は、治療中も、義兄への愛情をなかなか認めようとしなかった。彼女は道徳意識が強く、性愛に対する嫌悪感や拒否感も強い女性だった。そのため、愛情をめぐる苦しみにうまく対応できず、無意識の中に義兄に対する愛情や罪悪感を閉じこめてしまったのである。

フロイトは、そうした臨床経験から、ヒステリー患者の心の中では「防衛」装置が働くことを発見した。不安、苦痛、罪悪感などの原因となる情動を意識から追い払い、無意識の中に閉じ込めようとする自己防衛的な心理である。

さらに、心の防衛装置は、無意識の中に閉じ込めたものが、再び意識に侵入することを防ごうとする。

フロイトはそうした心理の働きを「抑圧」と呼んだ。

この「抑圧」は、自我の崩壊を防ぐために行われる、さまざまな「防衛機制」のうち、最初に発見されたものである。

たとえば、あるメーカーで、出世街道を走っていたサラリーマンが、会社の方針転換で、突然、出世コースからはずされた。周りの人は、さぞ落ち込むだろうと見ていたが、その後、しばらくの間、彼は趣味の登山に熱中し、元気なように見えた。ところが、ほどなく、精神的にひどく落ち込み、入院した。

このケースは、出世コースをはずれたことで、深い挫折感を味わったが、それを認めると自我が崩壊しかねないため、防衛機制が働き、「自分には出世願望はない」と、いったんは思い込もうとしたといえる。代わりに、趣味の登山に熱中して、明るくふるまっていたのだが、むろん出世願望が消えたわけではない。

出世願望と無力感を隠し、しかも出世願望を抑圧するために相当なエネルギーが必要なこともあって、本人も気づかないうちに精神的に疲れきることになったのである。

フロイトは、抑圧された欲求は、神経症の症状のほか、夢や錯誤行為にも現れ、それらを手がかりにして、自らの欲求を認めたくないという患者の抵抗を解決すれば、抑圧が緩和され、身体的症状が軽くなると考えた。

◆人は「劣等感」をどうカバーしているのか?

ベートーヴェンは、幼いころから、父親に音楽の英才教育を受けた。一〇代ですでに、ピアノの即興演奏の名手として評判を取り、アルコール依存症だった父親に代わって、一家の生計を支えていた。

ところが、二〇代後半から、持病の難聴が徐々に悪化し、中途失聴者となった。音楽家にとっては命に等しい聴覚を失ったベートーヴェンは、自殺も考えるほど絶望的な気持ちになる。しかし、やがて立ち直り、強い精神力を持って難聴と向き合い、作曲家として新たな音楽活動へ進んでいく。ベートーヴェンが数々の傑作を生み出したのは、その後のことである。

精神分析では、精神的、肉体的に劣っている機能をカバーしようとする防衛機制を「補償」と呼ぶ。

障害などのハンディを克服して、超一流の芸術家や職人などになった人が少なくないように、ハンディキャップを「補償」しようとする欲求が、人間を動かす原動力となることがあるが、学問的にこの「補償」を重視したのが、精神分析学者のアドラーである。

眼科医だったアドラーは、目の病気を持つ患者が、熱心な読書家になるケースが多いことに着目し、「器官劣等性」という考え方を発表した。

「器官劣等性」とは、誰でも手足や目、耳、内臓など、肉体のどこかに劣等感を持っているが、無意識のうちに、それを克服しようと努力し、絶えず向上したいと思う傾向のことである。

これを精神的な側面にも拡大して解釈したのが「補償」である。

アドラーによれば、補償の方法は、次の二種類に分けられるという。

一つは、他の部分を著しく発達させることによって、補償すること。もう一つは、劣等な部分の克服に努力して、それを発達させることで、補償することである。

たとえば、身近なところでは、勉強の苦手な生徒が、スポーツに打ち込んで抜きん出た能力を発揮するのが前者で、学習塾に通ったり、夜遅くまで勉強に打ち込み、勉強のできる生徒になることが後者である。

◆現実から逃れたい人がとる二つの「逃避行動」とは？

有名作家には、雑誌の連載記事の締め切りが近づくと、行方不明になる人がいた。家族も行き先を知らされておらず、携帯電話も電源が切られるため、編集者はオタオタするが、「今日の夜中までに原稿を送ってもらわないと、雑誌のページが白くなる」というギリギリの段階で、原稿が送られてくる。そして、その翌日には、本人は家族のもとへ帰ってくる。

こうした作家の〝プチ家出〟は、自我を崩壊させないための方法の一つといえる。精神分析では「逃避」と呼ばれる心の防衛作用である。

たとえば、学校へ行きたくないという不登校は、学校からの逃避である。不登校がずる休みと混同されていたのは昔の話であり、近年では、学校に適応できないために起きる逃避行動と理解されている。その学校にうまく適応できない理由は、教師の力量不足やいじめなど、学校側に原因があることが多いのはご存じのとおり。実際、学校に行けなくなっても、フリースクールなどには喜んで通う子が少なくない。

このような逃避行動の中でも、フロイトがとくに注目したのは、「空想への逃避」

と「病気への逃避」である。たとえば、恋人が欲しいのにできない女性が、恋愛小説を読みふけるのは、「空想への逃避」である。一方、学校へ行きたくない子が腹痛を訴えたり、会社に行きたくない会社員が、月曜の朝になると頭痛を訴えるのは、「病気への逃避」である。

■参考文献

「心理学辞典」中島義明（有斐閣）／「ユング心理学入門」河合隼雄（培風館）／「痛快！心理学（入門編）」和田秀樹（集英社）／「よくわかる臨床心理学」下山晴彦（ミネルヴァ書房）／「犯罪心理学」福島章（PHP研究所）／「フロイトの精神分析」鈴木晶（ナツメ社）／「知識ゼロからの精神分析入門」鈴木晶（幻冬舎）／「性格の理論」詫摩武俊、鈴木乙史、清水弘司、松井豊（ブレーン出版）／「性役割の心理」東清和、小倉千加子（大日本図書）／「対人心理学トピックス100」齋藤勇編／「脳と心のトピックス100」堀忠雄、齋藤勇編（以上、誠信書房）／「心理学パッケージ1～5」小川捷之、椎名健編著（ブレーン出版）／「人間関係の心理学」早坂泰次郎／「チームワークの心理学」国分康孝／「好きと嫌いの心理学」詫摩武俊／「プラス暗示の心理学」生月誠／「性格分析」小川捷之（以上、講談社現代新書）／「カウンセリング心理学入門」国分康孝（PHP新書）／「くらしの社会心理学」小川一夫編著（福村出版）／「しぐさ・動作・ふるまいの心理学」渋谷昌三（日本実業出版社）／「色彩と心理おもしろ事典」松岡武（三笠書房）／「自己愛の構造」和田秀樹（講談社）／「男性の心理」國分康孝・國分久子（三笠書房）／「キーワードでわかる最新・心理学」成田毅編（洋泉社新書）／「心の謎を解く150のキーワード」小林司（講談社ブルーバックス）／「図解雑学精神分析」富田三樹生監修、小谷野博著（ナツメ社）／「脳と心」山本健一（講談社選書メチエ）／「見せる自分／見せない自分」安藤清志（サイエンス社）／「しぐさと表情の心理分析」工藤力（福村出版）／「深層心理術」多湖輝／「女のボディランゲージ」石川弘義（以上、ごま書房）／「恋ごころの科学」松井豊（サイエンス社）／ほか

※本書は、『相手の本音を0秒で見抜く心理分析大全』（2015年／小社刊）、『面白いほどよくわかる「人間心理」の説明書』（2008年／同）、『一瞬で「他人の心理」がコワいほど読める！』（2009年／同）の内容を再構成し、改題のうえ一冊にまとめたものです。

青春文庫

読《よ》むだけでピンとくる！
心理《しんり》分析《ぶんせき》のトリセツ

2024年 9月20日　第1刷

編　　者　おもしろ心理《しんり》学会《がっかい》

発 行 者　小 澤 源 太 郎

責任編集　株式会社プライム涌光

発 行 所　株式会社青 春 出 版 社

〒162-0056　東京都新宿区若松町 12-1
電話 03-3203-2850（編集部）
03-3207-1916（営業部）
振替番号　00190-7-98602

印刷／中央精版印刷
製本／フォーネット社

ISBN 978-4-413-29859-9

9割が答えられない「モノの単位」がわかる本

「東京ドーム1杯分」って、どのくらい？ ワット、ボルト、アンペアの違いを簡単にいうと？ 知ると、毎日がもっと楽しくなる。

話題の達人倶楽部［編］

(SE-855)

問題解決力のある人が、あきらめる前にやっていること。

そうか、その手があったか！ 行き止まりを未然に回避する「視点切り替え法」ほか手元にあるだけで、新しい力がわいてくる。

ビジネスフレームワーク研究所［編］

(SE-856)

こんなに変わった！小中高・教科書の新常識

「pH」はなんて読む？ 太陽系にある惑星の数はいくつ？ 今の教科書には驚きの発見がいっぱい！ 新常識へアップデートしましょう。

現代教育調査班［編］

(SE-857)

ひと口かじっただけでも哲学は人生のクスリになる

自分を救うために哲学を役立てるもっともシンプルな方法。それは、哲学のほんの一部を知るだけでもいいのです。

白取春彦

(SE-858)